book2
English – Spanish
for beginners

A book in 2 languages

www.book2.de

GOETHE VERLAG

IMPRESSUM

Johannes Schumann:
book2 English - Spanish
EAN-13 (ISBN-13): 9781438268392

© Copyright 2009 by Goethe-Verlag Munich and licensors. All rights reserved. No part of this work may be reproduced or transmitted in any form or by any means, electronic or mechanical, including photocopying and recording, or by any information storage or retrieval system without the prior written permission of Goethe-Verlag GmbH unless such copying is expressly permitted by federal copyright law. Address inquiries to:

© Copyright 2009 Goethe-Verlag München und Lizenzgeber. Alle Rechte vorbehalten, auch die der fotomechanischen Wiedergabe und der Speicherung in elektronischen Medien. Jede Verwendung in anderen als den gesetzlich zugelassenen Fällen bedarf der schriftlichen Einwilligung des Goethe-Verlags:

Goethe-Verlag GmbH
Postfach 152008
80051 München
Germany

Fax +49-89-74790012
www.book2.de
www.goethe-verlag.com

Table of contents

People	4	At the airport	38	to need - to want to	72
Family Members	5	Public transportation	39	to like something	73
Getting to know others	6	En route	40	to want something	74
At school	7	In the taxi	41	to have to do something / must	75
Countries and Languages	8	Car breakdown	42	to be allowed to	76
Reading and writing	9	Asking for directions	43	Asking for something	77
Numbers	10	Where is … ?	44	Giving reasons 1	78
The time	11	City tour	45	Giving reasons 2	79
Days of the week	12	At the zoo	46	Giving reasons 3	80
Yesterday - today - tomorrow	13	Going out in the evening	47	Adjectives 1	81
Months	14	At the cinema	48	Adjectives 2	82
Beverages	15	In the discotheque	49	Adjectives 3	83
Activities	16	Preparing a trip	50	Past tense 1	84
Colors	17	Vacation activities	51	Past tense 2	85
Fruits and food	18	Sports	52	Past tense 3	86
Seasons and Weather	19	In the swimming pool	53	Past tense 4	87
Around the house	20	Running errands	54	Questions - Past tense 1	88
House cleaning	21	In the department store	55	Questions - Past tense 2	89
In the kitchen	22	Shops	56	Past tense of modal verbs 1	90
Small Talk 1	23	Shopping	57	Past tense of modal verbs 2	91
Small Talk 2	24	Working	58	Imperative 1	92
Small Talk 3	25	Feelings	59	Imperative 2	93
Learning foreign languages	26	At the doctor	60	Subordinate clauses: that 1	94
Appointment	27	Parts of the body	61	Subordinate clauses: that 2	95
In the city	28	At the post office	62	Subordinate clauses: if	96
In nature	29	At the bank	63	Conjunctions 1	97
In the hotel - Arrival	30	Ordinal numbers	64	Conjunctions 2	98
In the hotel - Complaints	31	Asking questions 1	65	Conjunctions 3	99
At the restaurant 1	32	Asking questions 2	66	Conjunctions 4	100
At the restaurant 2	33	Negation 1	67	Double connectors	101
At the restaurant 3	34	Negation 2	68	Genitive	102
At the restaurant 4	35	Possessive pronouns 1	69	Adverbs	103
At the train station	36	Possessive pronouns 2	70		
On the train	37	big - small	71		

1 [one]

People

1 [uno]

Personas

I	yo
I and you	yo y tú
both of us	nosotros / nosotras dos
he	él
he and she	él y ella
they both	ellos / ellas dos
the man	el hombre
the woman	la mujer
the child	el niño
a family	una familia
my family	Mi familia
My family is here.	Mi familia está aquí.
I am here.	Yo estoy aquí.
You are here.	Tú estás aquí.
He is here and she is here.	Él está aquí y ella está aquí.
We are here.	Nosotros/as estamos aquí.
You are here.	Vosotros/as estáis aquí.
They are all here.	Todos/as ellos/as están aquí.

2 [two]

Family Members

2 [dos]

La Familia

the grandfather	el abuelo
the grandmother	la abuela
he and she	él y ella
the father	el padre
the mother	la madre
he and she	él y ella
the son	el hijo
the daughter	la hija
he and she	él y ella
the brother	el hermano
the sister	la hermana
he and she	él y ella
the uncle	el tío
the aunt	la tía
he and she	él y ella
We are a family.	Nosotros somos una familia.
The family is not small.	La familia no es pequeña.
The family is big.	La familia es grande.

3 [three]

Getting to know others

3 [tres]

Conociendo otras personas

Hi!	¡Hola!
Hello!	¡Buenos días!
How are you?	¿Qué tal?
Do you come from Europe?	¿Viene (usted) de Europa?
Do you come from America?	¿Viene (usted) de América?
Do you come from Asia?	¿Viene (usted) de Asia?
In which hotel are you staying?	¿En qué (cuál (am.)) hotel se encuentra hospedado / hospedada (usted)?
How long have you been here for?	¿Por cuánto tiempo ha estado (usted) aquí?
How long will you be staying?	¿Por cuánto tiempo permanecerá (usted) aquí?
Do you like it here?	¿Le gusta esto?
Are you here on vacation?	¿Está usted aquí de vacaciones?
Please do visit me sometime!	¡Visíteme cuando quiera!
Here is my address.	Aquí está mi dirección.
Shall we see each other tomorrow?	¿Nos vemos mañana?
I am sorry, but I already have plans.	Lo siento, pero ya tengo otros planes.
Bye!	¡Adiós! / ¡Chao!
Good bye!	¡Adiós! / ¡Hasta la vista!
See you soon!	¡Hasta pronto!

4 [four]

At school

4 [cuatro]

En la escuela

Where are we?
We are at school.
We are having class / a lesson.

Those are the school children.
That is the teacher.
That is the class.

What are we doing?
We are learning.
We are learning a language.

I learn English.
You learn Spanish.
He learns German.

We learn French.
You all learn Italian.
They learn Russian.

Learning languages is interesting.
We want to understand people.
We want to speak with people.

¿Dónde estamos?
Nosotros / nosotras estamos en la escuela.
Nosotros / nosotras tenemos clase.

Ésos son los alumnos.
Ésa es la maestra.
Ésa es la clase.

¿Qué hacemos?
Nosotros / nosotras estudiamos.
Nosotros / nosotras estudiamos un idioma.

Yo estudio inglés.
Tú estudias español.
Él estudia alemán.

Nosotros / nosotras estudiamos francés.
Vosotros / vosotras estudiáis italiano.
Ellos / ellas estudian ruso.

Estudiar idiomas es interesante.
Nosotros / nosotras queremos comprender a la gente.
Nosotros / nosotras queremos hablar con la gente.

5 [five]

Countries and Languages

5 [cinco]

Países e Idiomas

John is from London.	Juan es de Londres.
London is in Great Britain.	Londres está en Gran Bretaña.
He speaks English.	Él habla inglés.
Maria is from Madrid.	María es de Madrid.
Madrid is in Spain.	Madrid está en España.
She speaks Spanish.	Ella habla español.
Peter and Martha are from Berlin.	Pedro y Marta son de Berlín.
Berlin is in Germany.	Berlín está en Alemania.
Do both of you speak German?	¿Habláis vosotros / vosotras (dos) alemán?
London is a capital city.	Londres es una capital.
Madrid and Berlin are also capital cities.	Madrid y Berlín también son capitales.
Capital cities are big and noisy.	Las capitales son grandes y ruidosas.
France is in Europe.	Francia está en Europa.
Egypt is in Africa.	Egipto está en África.
Japan is in Asia.	Japón está en Asia.
Canada is in North America.	Canadá está en América del Norte.
Panama is in Central America.	Panamá está en Centroamérica.
Brazil is in South America.	Brasil está en América del Sur.

6 [six]

Reading and writing

6 [seis]

Leer y escribir

I read.	Yo leo.
I read a letter.	Yo leo una letra.
I read a word.	Yo leo una palabra.
I read a sentence.	Yo leo una frase.
I read a letter.	Yo leo una carta.
I read a book.	Yo leo un libro.
I read.	Yo leo.
You read.	Tú lees.
He reads.	Él lee.
I write.	Yo escribo.
I write a letter.	Yo escribo una letra.
I write a word.	Yo escribo una palabra.
I write a sentence.	Yo escribo una frase.
I write a letter.	Yo escribo una carta.
I write a book.	Yo escribo un libro.
I write.	Yo escribo.
You write.	Tú escribes.
He writes.	Él escribe.

7 [seven]

Numbers

7 [siete]

Los Números

I count:	Yo cuento:
one, two, three	uno, dos, tres
I count to three.	Yo cuento hasta tres.
I count further:	(Yo) sigo contando:
four, five, six,	cuatro, cinco, seis
seven, eight, nine	siete, ocho, nueve
I count.	Yo cuento.
You count.	Tú cuentas.
He counts.	Él cuenta.
One. The first.	Uno. El primero.
Two. The second.	Dos. El segundo.
Three. The third.	Tres. El tercero.
Four. The fourth.	Cuatro. El cuarto.
Five. The fifth.	Cinco. El quinto.
Six. The sixth.	Seis. El sexto.
Seven. The seventh.	Siete. El séptimo.
Eight. The eighth.	Ocho. El octavo.
Nine. The ninth.	Nueve. El noveno.

8 [eight]

The time

8 [ocho]

Las horas

Excuse me!	¡Disculpe!
What time is it, please?	¿Qué hora es, por favor?
Thank you very much.	Muchas gracias.

It is one o'clock.
It is two o'clock.
It is three o'clock.

Es la una.
Son las dos.
Son las tres.

It is four o'clock.
It is five o'clock.
It is six o'clock.

Son las cuatro.
Son las cinco.
Son las seis.

It is seven o'clock.
It is eight o'clock.
It is nine o'clock.

Son las siete.
Son las ocho.
Son las nueve.

It is ten o'clock.
It is eleven o'clock.
It is twelve o'clock.

Son las diez.
Son las once.
Son las doce.

A minute has sixty seconds.
An hour has sixty minutes.
A day has twenty-four hours.

Un minuto tiene sesenta segundos.
Una hora tiene sesenta minutos.
Un día tiene veinticuatro horas.

9 [nine]

Days of the week

9 [nueve]

Los días de la semana

Monday	el lunes
Tuesday	el martes
Wednesday	el miércoles
Thursday	el jueves
Friday	el viernes
Saturday	el sábado
Sunday	el domingo
the week	la semana
from Monday to Sunday	desde el lunes hasta el domingo
The first day is Monday.	El primer día es el lunes.
The second day is Tuesday.	El segundo día es el martes.
The third day is Wednesday.	El tercer día es el miércoles.
The fourth day is Thursday.	El cuarto día es el jueves.
The fifth day is Friday.	El quinto día es el viernes.
The sixth day is Saturday.	El sexto día es el sábado.
The seventh day is Sunday.	El séptimo día es el domingo.
The week has seven days.	La semana tiene siete días.
We only work for five days.	Nosotros / nosotras sólo trabajamos cinco días.

10 [ten]

Yesterday - today - tomorrow

10 [diez]

Ayer - hoy - mañana

Yesterday was Saturday.
I was at the cinema yesterday.
The film was interesting.

Ayer fue sábado.
Ayer estuve en el cine.
La película fue interesante.

Today is Sunday.
I'm not working today.
I'm staying at home.

Hoy es domingo.
Hoy no trabajo.
Me quedo en casa.

Tomorrow is Monday.
Tomorrow I will work again.
I work at an office.

Mañana es lunes.
Mañana vuelvo a trabajar.
Trabajo en una oficina.

Who is that?
That is Peter.
Peter is a student.

¿Quién es éste?
Éste es Pedro.
Pedro es estudiante.

Who is that?
That is Martha.
Martha is a secretary.

¿Quién es ésta?
Ésta es Marta.
Marta es secretaria.

Peter and Martha are friends.
Peter is Martha's friend.
Martha is Peter's friend.

Pedro y Marta son novios.
Pedro es el novio de Marta.
Marta es la novia de Pedro.

11 [eleven]

Months

11 [once]

Los Meses

January	enero
February	febrero
March	marzo
April	abril
May	mayo
June	junio

These are six months.
January, February, March,
April, May and June.

Eso son seis meses.
Enero, febrero, marzo,
abril, mayo, junio.

July	julio
August	agosto
September	septiembre
October	octubre
November	noviembre
December	diciembre

These are also six months.
July, August, September,
October, November and December.

Eso también son seis meses.
Julio, agosto, septiembre,
octubre, noviembre y diciembre.

12 [twelve]

Beverages

12 [doce]

Bebidas

I drink tea.	Yo bebo té.
I drink coffee.	Yo bebo café.
I drink mineral water.	Yo bebo agua mineral.
Do you drink tea with lemon?	¿Bebes té con limón?
Do you drink coffee with sugar?	¿Bebes café con azúcar?
Do you drink water with ice?	¿Bebes agua con hielo?
There is a party here.	Aquí hay una fiesta.
People are drinking champagne.	La gente bebe champán.
People are drinking wine and beer.	La gente bebe vino y cerveza.
Do you drink alcohol?	¿Bebes alcohol?
Do you drink whisky / whiskey (am.)?	¿Bebes whisky?
Do you drink Coke with rum?	¿Bebes Coca-Cola con ron?
I do not like champagne.	No me gusta el champán.
I do not like wine.	No me gusta el vino.
I do not like beer.	No me gusta la cerveza.
The baby likes milk.	Al bebé le gusta la leche. / El bebé gusta de la leche (am.).
The child likes cocoa and apple juice.	Al niño/A la niña le gusta el cacao y el zumo de manzana.
The woman likes orange and grapefruit juice.	A la mujer le gusta el zumo de naranja y el zumo de pomelo.

13 [thirteen]

Activities

13 [trece]

Actividades

What does Martha do?	¿Qué hace Marta?
She works at an office.	Ella trabaja en una oficina.
She works on the computer.	Ella trabaja con el ordenador.
Where is Martha?	¿Dónde está Marta?
At the cinema.	En el cine.
She is watching a film.	Ella está viendo una película.
What does Peter do?	¿Qué hace Pedro?
He studies at the university.	Él estudia en la universidad.
He studies languages.	Él estudia idiomas.
Where is Peter?	¿Dónde está Pedro?
At the café.	En la cafetería.
He is drinking coffee.	Él está tomando café.
Where do they like to go?	¿A dónde les gusta ir?
To a concert.	A un concierto.
They like to listen to music.	A ellos les gusta escuchar música.
Where do they not like to go?	¿A dónde no les gusta ir?
To the disco.	A la discoteca.
They do not like to dance.	A ellos no les gusta bailar.

14 [fourteen]

Colors

14 [catorce]

Los colores

Snow is white.
The sun is yellow.
The orange is orange.

La nieve es blanca.
El sol es amarillo.
La naranja es naranja.

The cherry is red.
The sky is blue.
The grass is green.

La cereza es roja.
El cielo es azul.
La hierba es verde.

The earth is brown.
The cloud is grey / gray (am.).
The tyres / tires (am.) are black.

La tierra es marrón.
La nube es gris.
Los neumáticos son negros.

What colour / color (am.) is the snow? White.
What colour / color (am.) is the sun? Yellow.
What colour / color (am.) is the orange? Orange.

¿De qué color es la nieve? Blanca.
¿De qué color es el sol? Amarillo.
¿De qué color es la naranja? Naranja.

What colour / color (am.) is the cherry? Red.
What colour / color (am.) is the sky? Blue.
What colour / color (am.) is the grass? Green.

¿De qué color es la cereza? Roja.
¿De qué color es el cielo? Azul.
¿De qué color es la hierba? Verde.

What colour / color (am.) is the earth? Brown.
What colour / color (am.) is the cloud? Grey / Gray (am.).
What colour / color (am.) are the tyres / tires (am.)? Black.

¿De qué color es la tierra? Marrón.
¿De qué color es la nube? Gris.
¿De qué color son los neumáticos? Negro.

15 [fifteen]

Fruits and food

15 [quince]

Frutas y alimentos

I have a strawberry.	Yo tengo una fresa.
I have a kiwi and a melon.	Yo tengo un kiwi y un melón.
I have an orange and a grapefruit.	Yo tengo una naranja y un pomelo / una toronja (am.).
I have an apple and a mango.	Yo tengo una manzana y un mango.
I have a banana and a pineapple.	Yo tengo un plátano y una piña / una banana y un ananás (am.).
I am making a fruit salad.	Yo estoy haciendo una ensalada de frutas.
I am eating toast.	Yo estoy comiendo una tostada / un pan tostado (am.).
I am eating toast with butter.	Yo estoy comiendo una tostada / un pan tostado (am.) con mantequilla.
I am eating toast with butter and jam.	Yo estoy comiendo una tostada / un pan tostado (am.) con mantequilla y mermelada.
I am eating a sandwich.	Yo estoy comiendo un sandwich / emparedado (am.).
I am eating a sandwich with margarine.	Yo estoy comiendo un sandwich / emparedado (am.) con margarina.
I am eating a sandwich with margarine and tomatoes.	Yo estoy comiendo un sandwich / emparedado (am.) con margarina y tomate.
We need bread and rice.	Nosotros / nosotras necesitamos pan y arroz.
We need fish and steaks.	Nosotros / nosotras necesitamos pescado y bistécs.
We need pizza and spaghetti.	Nosotros / nosotras necesitamos pizza y espagueti.
What else do we need?	¿Qué más necesitamos?
We need carrots and tomatoes for the soup.	Nosotros / nosotras necesitamos zanahorias y tomates para la sopa.
Where is the supermarket?	¿Dónde hay un supermercado?

16 [sixteen]

Seasons and Weather

16 [dieciséis]

Las Estaciones y el Clima

These are the seasons:	Éstas son las estaciones del año:
Spring, summer,	La primavera, el verano,
autumn / fall (am.) and winter.	el otoño y el invierno.
The summer is warm.	El verano es caluroso.
The sun shines in summer.	En el verano brilla el sol.
We like to go for a walk in summer.	En el verano nos gusta ir a pasear.
The winter is cold.	El invierno es frío.
It snows or rains in winter.	En el invierno nieva o llueve.
We like to stay home in winter.	En el invierno nos gusta quedarnos en casa.
It is cold.	Hace frío.
It is raining.	Está lloviendo.
It is windy.	Hace viento / Está ventoso (am.).
It is warm.	Hace calor.
It is sunny.	Hace sol.
It is pleasant.	El tiempo está agradable.
What is the weather like today?	¿Qué tiempo hace hoy?
It is cold today.	Hoy hace frío.
It is warm today.	Hoy hace calor.

17 [seventeen]

Around the house

17 [diecisiete]

En la casa

Our house is here.	Aquí es nuestra casa.
The roof is on top.	Arriba está el tejado.
The basement is below.	Abajo está el sótano.
There is a garden behind the house.	Detrás de la casa hay un jardín.
There is no street in front of the house.	No hay ninguna calle frente a la casa.
There are trees next to the house.	Hay árboles al lado de la casa.
My apartment is here.	Aquí está mi apartamento.
The kitchen and bathroom are here.	Aquí están la cocina y el baño.
The living room and bedroom are there.	Ahí están la sala de estar y el dormitorio.
The front door is closed.	La puerta de la casa está cerrada.
But the windows are open.	Pero las ventanas están abiertas.
It is hot today.	Hace calor hoy.
We are going to the living room.	Nosotros / nosotras vamos a la sala de estar.
There is a sofa and an armchair there.	Hay un sofá y un sillón allí.
Please, sit down!	¡Por favor, siéntense / siéntese!
My computer is there.	Mi ordenador / computadora (am.) está allá.
My stereo is there.	Mi equipo de sonido está allí.
The TV set is brand new.	El televisor es completamente nuevo.

18 [eighteen]

House cleaning

18 [dieciocho]

Limpieza Doméstica

Today is Saturday.
We have time today.
We are cleaning the apartment today.

Hoy es sábado.
Hoy tenemos tiempo.
Hoy limpiamos el apartamento.

I am cleaning the bathroom.
My husband is washing the car.
The children are cleaning the bicycles.

Yo limpio el baño.
Mi esposo lava el coche / carro (am.).
Los niños limpian las bicicletas.

Grandma is watering the flowers.
The children are cleaning up the children's room.
My husband is tidying up his desk.

La abuela riega las flores.
Los niños ordenan el cuarto de los niños.
Mi esposo ordena su escritorio.

I am putting the laundry in the washing machine.
I am hanging up the laundry.
I am ironing the clothes.

Yo pongo la ropa en la lavadora.
Yo tiendo la ropa.
Yo plancho la ropa.

The windows are dirty.
The floor is dirty.
The dishes are dirty.

Las ventanas están sucias.
El suelo / piso (am.) está sucio.
La vajilla está sucia.

Who washes the windows?
Who does the vacuuming?
Who does the dishes?

¿Quién limpia las ventanas?
¿Quién pasa la aspiradora?
¿Quién lava la vajilla?

19 [nineteen]

In the kitchen

19 [diecinueve]

En la cocina

Do you have a new kitchen?	¿Tienes una cocina nueva?
What do you want to cook today?	¿Qué quieres cocinar hoy?
Do you cook on an electric or a gas stove?	¿Cocinas en una cocina eléctrica o de gas?

Shall I cut the onions? — ¿Quieres que pique las cebollas?
Shall I peel the potatoes? — ¿Quieres que pele las patatas?
Shall I rinse the lettuce? — ¿Quieres que lave la lechuga?

Where are the glasses? — ¿Dónde están los vasos?
Where are the dishes? — ¿Dónde está la vajilla?
Where is the cutlery / silverware (am.)? — ¿Dónde están los cubiertos?

Do you have a can opener? — ¿Tienes un abridor de latas?
Do you have a bottle opener? — ¿Tienes un abrebotellas?
Do you have a corkscrew? — ¿Tienes un sacacorchos?

Are you cooking the soup in this pot? — ¿Estas cocinando la sopa en esta olla?
Are you frying the fish in this pan? — ¿Estás friendo el pescado en esta sartén?
Are you grilling the vegetables on this grill? — ¿Estás asando los vegetales en esta parrilla?

I am setting the table. — Yo estoy poniendo la mesa.
Here are the knives, the forks and the spoons. — Aquí están los cuchillos, los tenedores, y las cucharas.
Here are the glasses, the plates and the napkins. — Aquí están los vasos, los platos, y las servilletas.

20 [twenty]

Small Talk 1

20 [veinte]

Pequeñas Conversaciones 1

Make yourself comfortable!	¡Póngase cómodo!
Please, feel right at home!	¡Siéntase como en casa!
What would you like to drink?	¿Qué le gustaría tomar?
Do you like music?	¿Le gusta la música?
I like classical music.	Me gusta la música clásica.
These are my CD's.	Aquí están mis CDs.
Do you play a musical instrument?	¿Toca (usted) algún instrumento musical?
This is my guitar.	Aquí está mi guitarra.
Do you like to sing?	¿Le gusta cantar?
Do you have children?	¿Tiene (usted) niños?
Do you have a dog?	¿Tiene (usted) un perro?
Do you have a cat?	¿Tiene (usted) un gato?
These are my books.	Aquí están mis libros.
I am currently reading this book.	En este momento estoy leyendo este libro.
What do you like to read?	¿Qué le gusta leer?
Do you like to go to concerts?	¿Le gusta ir a conciertos?
Do you like to go to the theatre / theater (am.)?	¿Le gusta ir al teatro?
Do you like to go to the opera?	¿Le gusta ir a la ópera?

21 [twenty-one]

Small Talk 2

21 [veintiuno]

Pequeñas Conversaciones 2

Where do you come from?	¿De dónde es (usted)?
From Basel.	De Basilea.
Basel is in Switzerland.	Basilea está en Suiza.
May I introduce Mr. Miller?	¿Me permite presentarle al señor Molinero?
He is a foreigner.	Él es extranjero.
He speaks several languages.	Él habla varios idiomas.
Are you here for the first time?	¿Es la primera vez que está (usted) aquí?
No, I was here once last year.	No, ya estuve aquí el año pasado.
Only for a week, though.	Pero sólo por una semana.
How do you like it here?	¿Le gusta nuestro país / nuestra ciudad?
A lot. The people are nice.	Sí, mucho. La gente es amable.
And I like the scenery, too.	Y el paisaje también me gusta.
What is your profession?	¿A qué se dedica (usted)?
I am a translator.	Yo soy traductor.
I translate books.	Yo traduzco libros.
Are you alone here?	¿Ha venido (usted) solo / sola?
No, my wife / my husband is also here.	No, mi esposa / mi marido ha venido conmigo.
And those are my two children.	Y allí están mis dos hijos.

22 [twenty-two]

Small Talk 3

22 [veintidós]

Pequeñas Conversaciones 3

Do you smoke?	¿Fuma (usted)?
I used to.	Antes sí.
But I don't smoke anymore.	Pero ahora ya no fumo.
Does it disturb you if I smoke?	¿Le molesta que fume?
No, absolutely not.	No, en absoluto.
It doesn't disturb me.	No me molesta.
Will you drink something?	¿Quiere (usted) beber algo?
A brandy?	¿Un coñac?
No, preferably a beer.	No, prefiero una cerveza.
Do you travel a lot?	¿Viaja (usted) mucho?
Yes, mostly on business trips.	Sí, por negocios la mayoría de las veces.
But now we're on holiday.	Pero ahora estamos aquí de vacaciones.
It's so hot!	¡Qué calor!
Yes, today it's really hot.	Sí, hoy hace realmente mucho calor.
Let's go to the balcony.	Salgamos al balcón.
There's a party here tomorrow.	Aquí habrá una fiesta mañana.
Are you also coming?	¿Vienen ustedes también?
Yes, we've also been invited.	Sí, nosotros / nosotras también estamos invitados / invitadas.

23 [twenty-three]

Learning foreign languages

23 [veintitrés]

Aprendiendo lenguas extranjeras

Where did you learn Spanish?	¿En dónde aprendió (usted) español?
Can you also speak Portuguese?	¿Puede (usted) también hablar portugués?
Yes, and I also speak some Italian.	Sí, y también puedo hablar un poco de italiano.
I think you speak very well.	Pienso que (usted) habla muy bien.
The languages are quite similar.	Los idiomas son bastante parecidos.
I can understand them well.	Yo puedo entenderlos bien.
But speaking and writing is difficult.	Pero es difícil hablarlos y escribirlos.
I still make many mistakes.	Aún cometo muchos errores.
Please correct me each time.	Por favor, corríjame siempre.
Your pronunciation is very good.	Su pronunciación es muy buena.
You only have a slight accent.	(Usted) tiene un poco de acento.
One can tell where you come from.	Uno puede deducir de dónde viene (usted).
What is your mother tongue / native language (am.)?	¿Cuál es su lengua materna?
Are you taking a language course?	¿Está (usted) tomando un curso de idiomas?
Which textbook are you using?	¿Qué materiales de aprendizaje utiliza (usted)?
I don't remember the name right now.	En este momento no sé cómo se llama.
The title is not coming to me.	El título no me viene a la cabeza.
I've forgotten it.	(Yo) lo he olvidado.

24 [twenty-four]

Appointment

24 [veinticuatro]

Compromiso / Cita

Did you miss the bus?	¿Has perdido el autobús? / ¿Te dejó el autobús (am.)?
I waited for you for half an hour.	Te esperé por media hora.
Don't you have a mobile / cell phone (am.) with you?	¿No tienes móvil / cellular (am.)?
Be punctual next time!	¡Sé puntual la próxima vez!
Take a taxi next time!	¡Toma un taxi la próxima vez!
Take an umbrella with you next time!	¡La próxima vez lleva un paraguas contigo!
I have the day off tomorrow.	Mañana tengo el día libre.
Shall we meet tomorrow?	¿Quieres que nos encontremos mañana?
I'm sorry, I can't make it tomorrow.	Lo siento, pero no podré mañana.
Do you already have plans for this weekend?	¿Ya tienes algún plan para este fin de semana?
Or do you already have an appointment?	¿O ya te comprometiste para algo?
I suggest that we meet on the weekend.	(Yo) sugiero que nos encontremos durante el fin de semana.
Shall we have a picnic?	¿Quieres que hagamos un picnic?
Shall we go to the beach?	¿Quieres que vayamos a la playa?
Shall we go to the mountains?	¿Quieres que vayamos a la montaña?
I will pick you up at the office.	Te recojo en tu oficina.
I will pick you up at home.	Te recojo en tu casa.
I will pick you up at the bus stop.	Te recojo en la parada de autobús.

25 [twenty-five]

In the city

25 [veinticinco]

En la ciudad

I would like to go to the station.	Me gustaría ir a la estación.
I would like to go to the airport.	Me gustaría ir al aeropuerto.
I would like to go to the city centre / center (am.).	Me gustaría ir al centro de la ciudad.
How do I get to the station?	¿Cómo se va a la estación?
How do I get to the airport?	¿Cómo se va al aeropuerto?
How do I get to the city centre / center (am.)?	¿Cómo se va al centro de la ciudad?
I need a taxi.	Yo necesito un taxi.
I need a city map.	Yo necesito un plano de la ciudad.
I need a hotel.	Yo necesito un hotel.
I would like to rent a car.	Me gustaría alquilar un coche.
Here is my credit card.	Aquí tiene mi tarjeta de crédito.
Here is my licence / license (am.).	Aquí tiene mi permiso de conducir.
What is there to see in the city?	¿Qué hay para ver en la ciudad?
Go to the old city.	Vaya al casco antiguo de la ciudad.
Go on a city tour.	Dé una vuelta por la ciudad.
Go to the harbour / harbor (am.).	Vaya al puerto.
Go on a harbour / harbor (am.) tour.	Hágale una visita al puerto.
Are there any other places of interest?	¿Qué otros lugares de interés hay además de éstos?

26 [twenty-six]

In nature

26 [veintiséis]

En la naturaleza

Do you see the tower there?	¿Ves aquella torre allá?
Do you see the mountain there?	¿Ves aquella montaña allá?
Do you see the village there?	¿Ves aquel pueblo allá?
Do you see the river there?	¿Ves aquel río allá?
Do you see the bridge there?	¿Ves aquel puente allá?
Do you see the lake there?	¿Ves aquel lago allá?
I like that bird.	Ese pájaro me gusta.
I like that tree.	Ese árbol me gusta.
I like this stone.	Esta piedra me gusta.
I like that park.	Ese parque me gusta.
I like that garden.	Ese jardín me gusta.
I like this flower.	Esta flor me gusta.
I find that pretty.	(Eso) me parece bonito.
I find that interesting.	(Eso) me parece interesante.
I find that gorgeous.	(Eso) me parece precioso.
I find that ugly.	(Eso) me parece feo.
I find that boring.	(Eso) me parece aburrido.
I find that terrible.	(Eso) me parece terrible.

27 [twenty-seven]

In the hotel - Arrival

27 [veintisiete]

En el hotel - Llegada

Do you have a vacant room?	¿Tiene (usted) una habitación libre?
I have booked a room.	He reservado una habitación.
My name is Miller.	Mi nombre es Molinero.

I need a single room.	Necesito una habitación individual.
I need a double room.	Necesito una habitación doble.
What does the room cost per night?	¿Cuánto vale la habitación por noche?

I would like a room with a bathroom.	Quisiera una habitación con baño.
I would like a room with a shower.	Quisiera una habitación con ducha.
Can I see the room?	¿Puedo ver la habitación?

Is there a garage here?	¿Hay garaje aquí?
Is there a safe here?	¿Hay caja fuerte aquí?
Is there a fax machine here?	¿Hay fax aquí?

Fine, I'll take the room.	De acuerdo, cogeré la habitación.
Here are the keys.	Aquí tiene las llaves.
Here is my luggage.	Éste es mi equipaje.

What time do you serve breakfast?	¿A qué hora es el desayuno?
What time do you serve lunch?	¿A qué hora es el almuerzo / la comida?
What time do you serve dinner?	¿A qué hora es la cena?

28 [twenty-eight]

In the hotel - Complaints

28 [veintiocho]

En el hotel - Quejas

The shower isn't working.	La ducha no funciona.
There is no warm water.	No hay agua caliente.
Can you get it repaired?	¿Podría (usted) arreglarlo/hacer que lo arreglen?
There is no telephone in the room.	No hay teléfono en la habitación.
There is no TV in the room.	No hay televisión en la habitación.
The room has no balcony.	La habitación no tiene balcón.
The room is too noisy.	La habitación es demasiado ruidosa.
The room is too small.	La habitación es demasiado pequeña.
The room is too dark.	La habitación es demasiado oscura.
The heater isn't working.	La calefacción no funciona.
The air-conditioning isn't working.	El aire acondicionado no funciona.
The TV isn't working.	El televisor no funciona.
I don't like that.	(Eso) no me gusta.
That's too expensive.	(Eso) es demasiado caro.
Do you have anything cheaper?	¿Tiene (usted) algo más barato?
Is there a youth hostel nearby?	¿Hay algún albergue juvenil por aquí?
Is there a boarding house / a bed and breakfast nearby?	¿Hay alguna pensión cerca de aquí?
Is there a restaurant nearby?	¿Hay algún restaurante por aquí?

29 [twenty-nine]

At the restaurant 1

29 [veintinueve]

En el restaurante 1

Is this table taken?	¿Está libre esta mesa?
I would like the menu, please.	Querría la carta, por favor.
What would you recommend?	¿Qué me recomienda (usted)?
I'd like a beer.	Me gustaría una cerveza.
I'd like a mineral water.	Me gustaría un agua mineral.
I'd like an orange juice.	Me gustaría un zumo de naranja.
I'd like a coffee.	Me gustaría un café.
I'd like a coffee with milk.	Me gustaría un café con leche.
With sugar, please.	Con azúcar, por favor.
I'd like a tea.	Querría un té.
I'd like a tea with lemon.	Querría un té con limón.
I'd like a tea with milk.	Querría un té con leche.
Do you have cigarettes?	¿Tiene (usted) cigarrillos?
Do you have an ashtray?	¿Tiene (usted) un cenicero?
Do you have a light?	¿Tiene (usted) un encendedor?
I'm missing a fork.	Me falta un tenedor.
I'm missing a knife.	Me falta un cuchillo.
I'm missing a spoon.	Me falta una cuchara.

30 [thirty]

At the restaurant 2

30 [treinta]

En el restaurante 2

An apple juice, please.	Un zumo de manzana, por favor.
A lemonade, please.	Una limonada, por favor.
A tomato juice, please.	Un zumo de tomate, por favor.
I'd like a glass of red wine.	Me gustaría una copa de vino tinto.
I'd like a glass of white wine.	Me gustaría una copa de vino blanco.
I'd like a bottle of champagne.	Me gustaría una botella de champán.
Do you like fish?	¿Te gusta el pescado?
Do you like beef?	¿Te gusta la carne de ternera?
Do you like pork?	¿Te gusta la carne de cerdo?
I'd like something without meat.	Querría algo sin carne.
I'd like some mixed vegetables.	Querría un plato de verduras.
I'd like something that won't take much time.	Querría algo que no tarde mucho.
Would you like that with rice?	¿Lo querría (usted) con arroz?
Would you like that with pasta?	¿Lo querría (usted) con pasta/fideos?
Would you like that with potatoes?	¿Lo querría (usted) con patatas?
That doesn't taste good.	(Eso) no me gusta.
The food is cold.	La comida está fría.
I didn't order this.	Eso no lo he pedido.

31 [thirty-one]

At the restaurant 3

31 [treinta y uno]

En el restaurante 3

I would like a starter.	Querría un entrante.
I would like a salad.	Querría una ensalada.
I would like a soup.	Querría una sopa.
I would like a dessert.	Querría algo de postre.
I would like an ice cream with whipped cream.	Querría un helado con nata.
I would like some fruit or cheese.	Querría fruta o queso.
We would like to have breakfast.	Nosotros / nosotras querríamos desayunar.
We would like to have lunch.	Nosotros / nosotras querríamos comer/almorzar.
We would like to have dinner.	Nosotros / nosotras querríamos cenar.
What would you like for breakfast?	¿Qué desea/querría (usted) desayunar?
Rolls with jam and honey?	¿Panecillos con mermelada y miel?
Toast with sausage and cheese?	¿Tostadas con salchicha y queso?
A boiled egg?	¿Un huevo cocido/hervido?
A fried egg?	¿Un huevo frito?
An omelette?	¿Una tortilla francesa?
Another yoghurt, please.	Tráigame otro yogur, por favor.
Some salt and pepper also, please.	Tráigame más sal y pimienta, por favor.
Another glass of water, please.	Tráigame otro vaso de agua, por favor.

32 [thirty-two]

At the restaurant 4

32 [treinta y dos]

En el restaurante 4

I'd like chips / French fries (am.) with ketchup.	Una ración de patatas fritas con ketchup.
And two with mayonnaise.	Y dos con mayonesa.
And three sausages with mustard.	Y tres raciones de salchichas con mostaza.
What vegetables do you have?	¿Qué verduras tiene (usted)?
Do you have beans?	¿Tiene (usted) habichuelas / frijoles (am.)?
Do you have cauliflower?	¿Tiene (usted) coliflor?
I like to eat (sweet) corn.	Me gusta el maíz.
I like to eat cucumber.	Me gusta el pepino.
I like to eat tomatoes.	Me gusta el tomate.
Do you also like to eat leek?	¿Le gusta también comer puerro?
Do you also like to eat sauerkraut?	¿Le gusta también comer la col fermentada?
Do you also like to eat lentils?	¿Le gusta también comer lentejas?
Do you also like to eat carrots?	¿Te gusta también comer zanahoria?
Do you also like to eat broccoli?	¿Te gusta también comer brócoli?
Do you also like to eat peppers?	¿Te gusta también comer pimientos?
I don't like onions.	No me gusta la cebolla.
I don't like olives.	No me gustan las aceitunas.
I don't like mushrooms.	No me gustan las setas.

33 [thirty-three]

At the train station

33 [treinta y tres]

En la estación de tren

When is the next train to Berlin?	¿Cuándo sale el próximo tren para Berlín?
When is the next train to Paris?	¿Cuándo sale el próximo tren para París?
When is the next train to London?	¿Cuándo sale el próximo tren para Londres?
When does the train for Warsaw leave?	¿A qué hora sale el tren que va a Varsovia?
When does the train for Stockholm leave?	¿A qué hora sale el tren que va a Estocolmo?
When does the train for Budapest leave?	¿A qué hora sale el tren que va a Budapest?
I'd like a ticket to Madrid.	Querría un billete a Madrid.
I'd like a ticket to Prague.	Querría un billete a Praga.
I'd like a ticket to Bern.	Querría un billete a Berna.
When does the train arrive in Vienna?	¿A qué hora llega el tren a Viena?
When does the train arrive in Moscow?	¿A qué hora llega el tren a Moscú?
When does the train arrive in Amsterdam?	¿A qué hora llega el tren a Ámsterdam?
Do I have to change trains?	¿Debo cambiar de tren?
From which platform does the train leave?	¿De qué vía sale el tren?
Does the train have sleepers?	¿Tiene coche-cama el tren?
I'd like a one-way ticket to Brussels.	Querría un billete sólo de ida a Bruselas.
I'd like a return ticket to Copenhagen.	Querría un billete de ida y vuelta a Copenhague.
What does a berth in the sleeper cost?	¿Cuánto vale una plaza en el coche-cama?

34 [thirty-four]

On the train

34 [treinta y cuatro]

En el tren

Is that the train to Berlin?	¿Es éste el tren que va a Berlín?
When does the train leave?	¿Cuándo sale el tren?
When does the train arrive in Berlin?	¿Cuándo llega el tren a Berlín?

Excuse me, may I pass? — ¿Disculpe, me deja pasar?
I think this is my seat. — Creo que éste es mi asiento.
I think you're sitting in my seat. — Creo que (usted) está sentado en mi asiento.

Where is the sleeper? — ¿Dónde está el coche-cama?
The sleeper is at the end of the train. — El coche-cama está al final del tren.
And where is the dining car? - At the front. — ¿Y dónde está el vagón-restaurante? - Al principio.

Can I sleep below? — ¿Puedo dormir abajo?
Can I sleep in the middle? — ¿Puedo dormir en medio?
Can I sleep at the top? — ¿Puedo dormir arriba?

When will we get to the border? — ¿Cuándo llegamos a la frontera?
How long does the journey to Berlin take? — ¿Cuánto dura el viaje a Berlín?
Is the train delayed? — ¿Lleva el tren retraso?

Do you have something to read? — ¿Tiene (usted) algo para leer?
Can one get something to eat and to drink here? — ¿Se puede comprar algo para comer y beber aquí?
Could you please wake me up at 7 o'clock? — ¿Podría (usted) despertarme a las 7:00 de la mañana, por favor?

35 [thirty-five]

At the airport

35 [treinta y cinco]

En el aeropuerto

I'd like to book a flight to Athens.	Querría hacer una reserva de avión para Atenas.
Is it a direct flight?	¿Es un vuelo directo?
A window seat, non-smoking, please.	En la ventana y para no fumadores, por favor.
I would like to confirm my reservation.	Querría confirmar mi reserva.
I would like to cancel my reservation.	Querría anular mi reserva.
I would like to change my reservation.	Querría cambiar mi reserva.
When is the next flight to Rome?	¿Cuándo sale el próximo vuelo para Roma?
Are there two seats available?	¿Quedan dos plazas libres?
No, we have only one seat available.	No, sólo queda una plaza libre.
When do we land?	¿Cuándo aterrizamos?
When will we be there?	¿Cuándo llegamos?
When does a bus go to the city centre / center (am.)?	¿Cuándo sale el autobús que va al centro de la ciudad?
Is that your suitcase?	¿Es ésta su maleta?
Is that your bag?	¿Es ésta su bolsa?
Is that your luggage?	¿Es éste su equipaje?
How much luggage can I take?	¿Cuánto equipaje puedo llevar?
Twenty kilos.	Veinte kilos.
What? Only twenty kilos?	¿Cómo? ¿Sólo veinte kilos?

36 [thirty-six]

Public transportation

36 [treinta y seis]

Transporte Público

Where is the bus stop?	¿Dónde está la parada del autobús?
Which bus goes to the city centre / center (am.)?	¿Qué autobús va al centro?
Which bus do I have to take?	¿Qué línea tengo que coger?
Do I have to change?	¿Debo hacer trasbordo/cambiar de autobús?
Where do I have to change?	¿Dónde debo hacer trasbordo / cambiar?
How much does a ticket cost?	¿Cuánto vale un billete?
How many stops are there before downtown / the city centre?	¿Cuántas paradas hay hasta el centro?
You have to get off here.	Tiene (usted) que bajar aquí.
You have to get off at the back.	Tiene (usted) que bajar por detrás.
The next train is in 5 minutes.	El próximo metro pasa dentro de 5 minutos.
The next tram is in 10 minutes.	El próximo tranvía pasa dentro de 10 minutos.
The next bus is in 15 minutes.	El próximo autobús pasa dentro de 15 minutos.
When is the last train?	¿A qué hora pasa el último metro?
When is the last tram?	¿A qué hora pasa el último tranvía?
When is the last bus?	¿A qué hora pasa el último autobús?
Do you have a ticket?	¿Tiene (usted) billete?
A ticket? - No, I don't have one.	¿Billete? - No, no tengo billete.
Then you have to pay a fine.	Pues tendrá (usted) que pagar una multa.

37 [thirty-seven]

En route

37 [treinta y siete]

En el camino

He drives a motorbike.	Él va en moto.
He rides a bicycle.	Él va en bicicleta.
He walks.	Él va a pie / andando.
He goes by ship.	Él va en barco.
He goes by boat.	Él va en barca.
He swims.	Él va nadando.
Is it dangerous here?	¿Es peligrosa esta zona?
Is it dangerous to hitchhike alone?	¿Es peligroso hacer auto-stop solo?
Is it dangerous to go for a walk at night?	¿Es peligroso ir a pasear de noche?
We got lost.	Nos hemos perdido.
We're on the wrong road.	Vamos por el camino equivocado.
We must turn around.	Tenemos que dar la vuelta.
Where can one park here?	¿Dónde se puede aparcar por aquí?
Is there a parking lot here?	¿Hay un aparcamiento por aquí?
How long can one park here?	¿Por cuánto tiempo podemos tener el coche aparcado aquí?
Do you ski?	¿Esquía (usted)?
Do you take the ski lift to the top?	¿Sube (usted) con el telesilla?
Can one rent skis here?	¿Se pueden alquilar esquís aquí?

38 [thirty-eight]

In the taxi

38 [treinta y ocho]

En el taxi

Please call a taxi.	Pida (usted) un taxi, por favor.
What does it cost to go to the station?	¿Cuánto vale ir hasta la estación?
What does it cost to go to the airport?	¿Cuánto vale ir hasta el aeropuerto?
Please go straight ahead.	Vaya recto, por favor.
Please turn right here.	Aquí a la derecha, por favor.
Please turn left at the corner.	Allí, en la esquina, a la izquierda, por favor.
I'm in a hurry.	Tengo prisa.
I have time.	Tengo tiempo.
Please drive slowly.	Vaya (usted) más despacio, por favor.
Please stop here.	Pare (usted) aquí, por favor.
Please wait a moment.	Espere (usted) un momento, por favor.
I'll be back immediately.	Vuelvo enseguida.
Please give me a receipt.	Hágame (usted) un recibo, por favor.
I have no change.	No tengo dinero suelto.
That is okay, please keep the change.	Está bien así, quédese con el cambio.
Drive me to this address.	Lléveme a esta dirección.
Drive me to my hotel.	Lléveme a mi hotel.
Drive me to the beach.	Lléveme a la playa.

39 [thirty-nine]

Car breakdown

39 [treinta y nueve]

Averías en el coche

Where is the next gas station?	¿Dónde está la próxima gasolinera?
I have a flat tyre / tire (am.).	Tengo una rueda pinchada.
Can you change the tyre / tire (am.)?	¿Puede (usted) cambiar la rueda?
I need a few litres /liters (am.) of diesel.	Necesito un par de litros de gasóleo.
I have no more petrol / gas (am.).	Me he quedado sin gasolina.
Do you have a petrol can / jerry can / gas can (am.)?	¿Tiene (usted) un bidón de reserva?
Where can I make a call?	¿Desde dónde puedo llamar (por teléfono)?
I need a towing service.	Necesito una grúa.
I'm looking for a garage.	Busco un taller mecánico.
An accident has occurred.	Ha habido un accidente.
Where is the nearest telephone?	¿Dónde está el teléfono más cercano?
Do you have a mobile / cell phone (am.) with you?	¿Tiene (usted) un (teléfono) móvil?
We need help.	Necesitamos ayuda.
Call a doctor!	¡Llame (usted) a un médico!
Call the police!	¡Llame (usted) a la policía!
Your papers, please.	Su documentación, por favor.
Your licence / license (am.), please.	Su permiso de conducir, por favor.
Your registration, please.	Su permiso de circulación, por favor.

40 [forty]

Asking for directions

40 [cuarenta]

Preguntando por el camino

Excuse me!	¡Disculpe!
Can you help me?	¿Me puede ayudar?
Is there a good restaurant around here?	¿Dónde hay un buen restaurante por aquí?
Take a left at the corner.	Gire (usted) a la izquierda en la esquina.
Then go straight for a while.	Siga entonces derecho un trecho.
Then go right for a hundred metres / meters (am.).	Después vaya a la derecha por cien metros.
You can also take the bus.	(Usted) también puede tomar el autobús.
You can also take the tram.	(Usted) también puede tomar el tranvía.
You can also follow me with your car.	(Usted) también puede simplemente conducir / manejar (am.) detrás de mí.
How do I get to the football / soccer (am.) stadium?	¿Cómo hago para llegar al estadio de fútbol?
Cross the bridge!	¡Cruce el puente!
Go through the tunnel!	¡Pase el túnel!
Drive until you reach the third traffic light.	Conduzca / Maneje (am.) hasta que llegue al tercer semáforo.
Then turn into the first street on your right.	Después tuerza en la primera calle a la derecha.
Then drive straight through the next intersection.	Después conduzca / maneje (am.) recto pasando el próximo cruce.
Excuse me, how do I get to the airport?	¿Disculpe, cómo hago para llegar al aeropuerto?
It is best if you take the underground / subway (am.).	Mejor tome (usted) el metro.
Simply get out at the last stop.	Simplemente vaya hasta la última estación.

41 [forty-one]

Where is ... ?

41 [cuarenta y uno]

Orientación

Where is the tourist information office?	¿Dónde está la Oficina de Turismo?
Do you have a city map for me?	¿Tiene (usted) un plano de la ciudad para mí?
Can one reserve a room here?	¿Puedo hacer una reserva de hotel aquí?
Where is the old city?	¿Dónde está el casco antiguo?
Where is the cathedral?	¿Dónde está la catedral?
Where is the museum?	¿Dónde está el museo?
Where can one buy stamps?	¿Dónde se pueden comprar sellos?
Where can one buy flowers?	¿Dónde se pueden comprar flores?
Where can one buy tickets?	¿Dónde se pueden comprar billetes?
Where is the harbour / harbor (am.)?	¿Dónde está el puerto?
Where is the market?	¿Dónde está el mercado?
Where is the castle?	¿Dónde está el castillo?
When does the tour begin?	¿Cuándo empieza la visita guiada?
When does the tour end?	¿Cuándo acaba la visita guiada?
How long is the tour?	¿Cuánto tiempo dura la visita guiada?
I would like a guide who speaks German.	Quisiera un guía que hable alemán.
I would like a guide who speaks Italian.	Quisiera un guía que hable italiano.
I would like a guide who speaks French.	Quisiera un guía que hable francés.

42 [forty-two]

City tour

42 [cuarenta y dos]

Una visita por la ciudad

Is the market open on Sundays?	¿Está abierto el mercado los domingos?
Is the fair open on Mondays?	¿Está abierta la feria los lunes?
Is the exhibition open on Tuesdays?	¿Está abierta la exposición los martes?
Is the zoo open on Wednesdays?	¿Está abierto el zoológico los miércoles?
Is the museum open on Thursdays?	¿Está abierto el museo los jueves?
Is the gallery open on Fridays?	¿Está abierta la galería los viernes?
Can one take photographs?	¿Se pueden tomar fotos?
Does one have to pay an entrance fee?	¿Hay que pagar entrada?
How much is the entrance fee?	¿Cuánto vale la entrada?
Is there a discount for groups?	¿Hay descuento para grupos?
Is there a discount for children?	¿Hay descuento para niños?
Is there a discount for students?	¿Hay descuento para estudiantes?
What building is that?	¿Qué tipo de edificio es éste?
How old is the building?	¿De hace cuánto es este edificio?
Who built the building?	¿Quién construyó este edificio?
I'm interested in architecture.	Me interesa la arquitectura.
I'm interested in art.	Me interesa el arte.
I'm interested in paintings.	Me interesa la pintura.

43 [forty-three]

At the zoo

43 [cuarenta y tres]

En el zoológico

The zoo is there.	Ahí está el zoológico.
The giraffes are there.	Ahí están las girafas.
Where are the bears?	¿Dónde están los osos?
Where are the elephants?	¿Dónde están los elefantes?
Where are the snakes?	¿Dónde están las serpientes?
Where are the lions?	¿Dónde están los leones?
I have a camera.	(Yo) tengo una cámara fotográfica.
I also have a video camera.	(Yo) tengo también una video cámara.
Where can I find a battery?	¿Dónde están las pilas / baterías?
Where are the penguins?	¿Dónde están los pingüinos?
Where are the kangaroos?	¿Dónde están los canguros?
Where are the rhinos?	¿Dónde están los rinocerontes?
Where is the toilet / restroom (am.)?	¿Dónde está el lavabo?
There is a café over there.	Ahí hay una cafetería.
There is a restaurant over there.	Ahí hay un restaurante.
Where are the camels?	¿Dónde están los camellos?
Where are the gorillas and the zebras?	¿Dónde están los gorilas y las cebras?
Where are the tigers and the crocodiles?	¿Dónde están los tigres y cocodrilos?

44 [forty-four]

Going out in the evening

44 [cuarenta y cuatro]

Salir por la noche

Is there a disco here?	¿Hay alguna discoteca por aquí?
Is there a nightclub here?	¿Hay algún club nocturno por aquí?
Is there a pub here?	¿Hay algún bar por aquí?
What's playing at the theatre / theater (am.) this evening?	¿Qué hay esta noche en el teatro?
What's playing at the cinema / movies (am.) this evening?	¿Qué ponen esta noche en el cine?
What's on TV this evening?	¿Qué echan esta noche por televisión?
Are tickets for the theatre / theater (am.) still available?	¿Aún hay entradas para el teatro?
Are tickets for the cinema / movies (am.) still available?	¿Aún hay entradas para el cine?
Are tickets for the football / soccer am. game still available?	¿Aún hay entradas para el partido de fútbol?
I want to sit in the back.	Querría sentarme atrás del todo.
I want to sit somewhere in the middle.	Querría sentarme por el centro.
I want to sit at the front.	Querría sentarme delante del todo.
Could you recommend something?	¿Qué me puede recomendar (usted)?
When does the show begin?	¿Cuándo empieza la sesión?
Can you get me a ticket?	¿Puede conseguirme (usted) una entrada?
Is there a golf course nearby?	¿Hay algún campo de golf por aquí?
Is there a tennis court nearby?	¿Hay algún campo de tenis por aquí?
Is there an indoor swimming pool nearby?	¿Hay alguna piscina cubierta por aquí?

45 [forty-five]

At the cinema

45 [cuarenta y cinco]

En el cine

We want to go to the cinema.	(Nosotros / nosotras) queremos ir al cine.
A good film is playing today.	Ponen una buena película hoy.
The film is brand new.	La película es completamente nueva.
Where is the cash register?	¿Dónde está la caja?
Are seats still available?	¿Aún hay asientos disponibles?
How much are the admission tickets?	¿Cuánto cuestan las entradas?
When does the show begin?	¿Cuándo comienza la sesión?
How long is the film?	¿Cuánto dura la película?
Can one reserve tickets?	¿Se pueden reservar entradas / boletos (am.)?
I want to sit at the back.	Querría sentarme detrás.
I want to sit at the front.	Querría sentarme delante.
I want to sit in the middle.	Querría sentarme en el medio.
The film was exciting.	La película fue emocionante.
The film was not boring.	La película no fue aburrida.
But the book on which the film was based was better.	Pero el libro en el que se basa la película era mejor.
How was the music?	¿Cómo fue la música?
How were the actors?	¿Cómo fueron los actores?
Were there English subtitles?	¿Había subtítulos en inglés?

46 [forty-six]

In the discotheque

46 [cuarenta y seis]

En la discoteca

Is this seat taken?	¿Está libre esta silla?
May I sit with you?	¿Puedo sentarme en su mesa?
Sure.	Por supuesto.
How do you like the music?	¿Qué le parece la música?
A little too loud.	Un poco demasiado alta.
But the band plays very well.	Pero el grupo toca muy bien.
Do you come here often?	¿Viene (usted) mucho por aquí?
No, this is the first time.	No, ésta es la primera vez.
I've never been here before.	Yo nunca había estado aquí antes.
Would you like to dance?	¿Baila?
Maybe later.	Tal vez más tarde.
I can't dance very well.	No bailo muy bien.
It's very easy.	Es muy fácil.
I'll show you.	Yo le enseño.
No, maybe some other time.	No, mejor en otra ocasión.
Are you waiting for someone?	¿Espera (usted) a alguien?
Yes, for my boyfriend.	Sí, a mi novio.
There he is!	¡Ya está aquí!

47 [forty-seven]

Preparing a trip

47 [cuarenta y siete]

Preparando un viaje

You have to pack our suitcase!	¡(Tú) tienes que hacer nuestra maleta!
Don't forget anything!	¡No puedes olvidarte de nada!
You need a big suitcase!	¡(Tú) necesitas una maleta grande!
Don't forget your passport!	¡No olvides tu pasaporte!
Don't forget your ticket!	¡No olvides tu billete / pasaje (am.)!
Don't forget your traveller's cheques / traveler's checks (am.)!	¡No olvides tus cheques de viaje!
Take some suntan lotion with you.	Lleva crema solar (contigo).
Take the sun-glasses with you.	Lleva las gafas de sol (contigo).
Take the sun hat with you.	Lleva el sombrero (contigo).
Do you want to take a road map?	¿Quieres llevar un mapa de carreteras?
Do you want to take a travel guide?	¿Quieres llevar una guía de viaje?
Do you want to take an umbrella?	¿Quieres llevar un paraguas?
Remember to take pants, shirts and socks.	Que no se te olviden los pantalones, las camisas, los calcetines.
Remember to take ties, belts and sports jackets.	Que no se te olviden las corbatas, los cinturones, las americanas.
Remember to take pyjamas, nightgowns and t-shirts.	Que no se te olviden los pijamas, los camisones y las camisetas.
You need shoes, sandals and boots.	(Tú) necesitas zapatos, sandalias y botas.
You need handkerchiefs, soap and a nail clipper.	(Tú) necesitas pañuelos, jabón y unas tijeras de manicura.
You need a comb, a toothbrush and toothpaste.	(Tú) necesitas un peine, un cepillo de dientes y pasta de dientes.

48 [forty-eight]

Vacation activities

48 [cuarenta y ocho]

Actividades vacacionales

Is the beach clean?	¿Está limpia la playa?
Can one swim there?	¿Se puede uno bañar (allí)?
Isn't it dangerous to swim there?	¿No es peligroso bañarse (allí)?
Can one rent a sun umbrella / parasol here?	¿Se pueden alquilar sombrillas aquí?
Can one rent a deck chair here?	¿Se pueden alquilar tumbonas aquí?
Can one rent a boat here?	¿Se pueden alquilar barcas aquí?
I would like to surf.	Me gustaría hacer surf.
I would like to dive.	Me gustaría bucear.
I would like to water ski.	Me gustaría hacer esquí acuático.
Can one rent a surfboard?	¿Se pueden alquilar tablas de surf?
Can one rent diving equipment?	¿Se pueden alquilar equipos de buceo?
Can one rent water skis?	¿Se pueden alquilar esquís acuáticos?
I'm only a beginner.	Soy principiante.
I'm moderately good.	Tengo un nivel intermedio.
I'm pretty good at it.	Tengo un buen nivel.
Where is the ski lift?	¿Dónde está el telesilla?
Do you have skis?	¿Tienes los esquís aquí?
Do you have ski boots?	¿Tienes las botas de esquí aquí?

49 [forty-nine]

Sports

49 [cuarenta y nueve]

Deporte

Do you exercise?	¿Haces deporte?
Yes, I need some exercise.	Si, necesito estar en movimiento.
I am a member of a sports club.	(Yo) voy a un club deportivo.
We play football / soccer (am.).	(Nosotros / nosotras) jugamos al fútbol.
We swim sometimes.	A veces (nosotros / nosotras) nadamos.
Or we cycle.	O montamos en bicicleta.
There is a football / soccer (am.) stadium in our city.	Hay un estadio de fútbol en nuestra ciudad.
There is also a swimming pool with a sauna.	También hay una piscina con sauna.
And there is a golf course.	Y hay un campo de golf.
What is on TV?	¿Qué hay en la televisión?
There is a football / soccer (am.) match on now.	En este momento hay un partido de fútbol.
The German team is playing against the English one.	El equipo alemán está jugando contra el inglés.
Who is winning?	¿Quién está ganando?
I have no idea.	No tengo ni idea.
It is currently a tie.	En este momento están empatados.
The referee is from Belgium.	El árbitro es de Bélgica.
Now there is a penalty.	Ahora hay un penalti.
Goal! One - zero!	¡Gol! ¡Uno a cero!

50 [fifty]

In the swimming pool

50 [cincuenta]

En la piscina

It is hot today.	Hace calor hoy.
Shall we go to the swimming pool?	¿Vamos a la piscina?
Do you feel like swimming?	¿Tienes ganas de ir a nadar?
Do you have a towel?	¿Tienes una toalla?
Do you have swimming trunks?	¿Tienes un bañador?
Do you have a bathing suit?	¿Tienes un traje de baño?
Can you swim?	¿(Tú) sabes nadar?
Can you dive?	¿(Tú) sabes bucear?
Can you jump in the water?	¿(Tú) sabes lanzarte al agua?
Where is the shower?	¿Dónde está la ducha?
Where is the changing room?	¿Dónde está el vestuario?
Where are the swimming goggles?	¿Dónde están las gafas / los lentes (am.) de natación?
Is the water deep?	¿Es el agua profunda?
Is the water clean?	¿Está limpia el agua?
Is the water warm?	¿Está caliente el agua?
I am freezing.	Me estoy congelando.
The water is too cold.	El agua está demasiado fría.
I am getting out of the water now.	Salgo del agua ahora.

51 [fifty-one]

Running errands

51 [cincuenta y uno]

Haciendo diligencias

I want to go to the library.	Quiero ir a la biblioteca.
I want to go to the bookstore.	Quiero ir a la librería.
I want to go to the newspaper stand.	Quiero ir al quiosco.
I want to borrow a book.	Quiero llevarme un libro prestado.
I want to buy a book.	Quiero comprar un libro.
I want to buy a newspaper.	Quiero comprar un periódico.
I want to go to the library to borrow a book.	Quiero ir a la biblioteca para tomar prestado un libro.
I want to go to the bookstore to buy a book.	Quiero ir a la librería para comprar un libro.
I want to go to the kiosk / newspaper stand to buy a newspaper.	Quiero ir al quiosco para comprar un periódico.
I want to go to the optician.	Quiero ir a la óptica.
I want to go to the supermarket.	Quiero ir al supermercado.
I want to go to the bakery.	Quiero ir a la panadería.
I want to buy some glasses.	Quiero comprarme unas gafas.
I want to buy fruit and vegetables.	Quiero comprar frutas y verduras.
I want to buy rolls and bread.	Quiero comprar pan y panecillos.
I want to go to the optician to buy glasses.	Quiero ir a la óptica para comprarme unas gafas.
I want to go to the supermarket to buy fruit and vegetables.	Quiero ir al supermercado para comprar frutas y verduras.
I want to go to the baker to buy rolls and bread.	Quiero ir a la panadería para comprar pan y panecillos.

52 [fifty-two]

In the department store

52 [cincuenta y dos]

En los grandes almacenes

Shall we go to the department store?	¿Vamos a los grandes almacenes / la tienda por departamento (am.)?
I have to go shopping.	(Yo) tengo que hacer unas compras.
I want to do a lot of shopping.	(Yo) quiero comprar muchas cosas.
Where are the office supplies?	¿Dónde están los materiales de oficina?
I need envelopes and stationery.	(Yo) necesito sobres y papel para carta.
I need pens and markers.	(Yo) necesito bolígrafos y marcadores.
Where is the furniture?	¿Dónde están los muebles?
I need a cupboard and a chest of drawers.	(Yo) necesito un armario y una cómoda.
I need a desk and a bookshelf.	(Yo) necesito un escritorio y una estantería.
Where are the toys?	¿Dónde están los juguetes?
I need a doll and a teddy bear.	(Yo) necesito una muñeca y un oso de peluche.
I need a football and a chess board.	(Yo) necesito un balón de fútbol y un juego de ajedrez.
Where are the tools?	¿Dónde están las herramientas?
I need a hammer and a pair of pliers.	(Yo) necesito un martillo y unas tenazas.
I need a drill and a screwdriver.	(Yo) necesito un taladro y un destornillador.
Where is the jewellery / jewelry (am.) department?	¿En dónde está el departamento de joyas?
I need a chain and a bracelet.	(Yo) necesito una cadena y una pulsera.
I need a ring and earrings.	(Yo) necesito un anillo y unos pendientes / aretes (am.).

53 [fifty-three]

Shops

53 [cincuenta y tres]

Tiendas

We're looking for a sports shop.	Estamos buscando una tienda de deportes.
We're looking for a butcher shop.	Estamos buscando una carnicería.
We're looking for a pharmacy / drugstore (am.).	Estamos buscando una farmacia.
We want to buy a football.	Es que querríamos comprar un balón de fútbol.
We want to buy salami.	Es que querríamos comprar salami.
We want to buy medicine.	Es que querríamos comprar medicamentos.
We're looking for a sports shop to buy a football.	Estamos buscando una tienda de deportes para comprar un balón de fútbol.
We're looking for a butcher shop to buy salami.	Estamos buscando una carnicería para comprar salami.
We're looking for a drugstore to buy medicine.	Estamos buscando una farmacia para comprar medicamentos.
I'm looking for a jeweller / jeweler (am.).	Estoy buscando una joyería.
I'm looking for a photo equipment store.	Estoy buscando una tienda de fotografía.
I'm looking for a confectionery.	Estoy buscando una pastelería.
I actually plan to buy a ring.	Es que quiero comprar un anillo.
I actually plan to buy a roll of film.	Es que quiero comprar un carrete de fotos.
I actually plan to buy a cake.	Es que quiero comprar una tarta.
I'm looking for a jeweler to buy a ring.	Estoy buscando una joyería para comprar un anillo.
I'm looking for a photo shop to buy a roll of film.	Estoy buscando una tienda de fotografía para comprar un carrete de fotos.
I'm looking for a confectionery to buy a cake.	Estoy buscando una pastelería para comprar una tarta.

54 [fifty-four]

Shopping

54 [cincuenta y cuatro]

Ir de compras

I want to buy a present.	Querría comprar un regalo.
But nothing too expensive.	Pero nada demasiado caro.
Maybe a handbag?	¿Un bolso, tal vez?
Which color would you like?	¿De qué color lo quiere?
Black, brown or white?	¿Negro, marrón o blanco?
A large one or a small one?	¿Grande o pequeño?
May I see this one, please?	¿Puedo ver éstos?
Is it made of leather?	¿Es de piel?
Or is it made of plastic?	¿O de plástico?
Of leather, of course.	De piel, naturalmente.
This is very good quality.	Es de muy buena calidad.
And the bag is really very reasonable.	Y el bolso está realmente muy bien de precio.
I like it.	Me gusta.
I'll take it.	Me lo quedo.
Can I exchange it if needed?	¿Lo puedo cambiar, dado el caso?
Of course.	Naturalmente.
We'll gift wrap it.	Se lo envolvemos como regalo.
The cashier is over there.	La caja está ahí.

55 [fifty-five]

Working

55 [cincuenta y cinco]

Trabajar

What do you do for a living?	¿Cuál es su profesión?
My husband is a doctor.	Mi esposo ejerce como doctor.
I work as a nurse part-time.	(Yo) trabajo media jornada como enfermera.
We will soon receive our pension.	Pronto recibiremos nuestra pensión.
But taxes are high.	Pero los impuestos son altos.
And health insurance is expensive.	Y el seguro médico es caro.
What would you like to become some day?	¿Qué te gustaría ser?
I would like to become an engineer.	Me gustaría ser ingeniero.
I want to go to college.	(Yo) quiero estudiar en la universidad.
I am an intern.	(Yo) soy un/una pasante.
I do not earn much.	(Yo) no gano mucho dinero.
I am doing an internship abroad.	(Yo) estoy haciendo una pasantía/unas prácticas en el extranjero.
That is my boss.	Ése es mi jefe.
I have nice colleagues.	(Yo) tengo buenos compañeros de trabajo.
We always go to the cafeteria at noon.	Siempre vamos a la cantina al mediodía.
I am looking for a job.	Estoy buscando trabajo.
I have already been unemployed for a year.	Llevo un año ya sin trabajo.
There are too many unemployed people in this country.	Hay demasiados desempleados en este país.

56 [fifty-six]

Feelings

56 [cincuenta y seis]

Sentimientos

to feel like / want to	tener ganas
We feel like / want to.	(Nosotros / nosotras) tenemos ganas.
We don't feel like / want to.	No tenemos ganas.
to be afraid	tener miedo
I'm afraid.	(Yo) tengo miedo.
I am not afraid.	No tengo miedo.
to have time	tener tiempo
He has time.	(Él) tiene tiempo.
He has no time.	No tiene tiempo.
to be bored	aburrirse
She is bored.	(Ella) se aburre.
She is not bored.	No se aburre.
to be hungry	tener hambre
Are you hungry?	¿(Vosotros / vosotras) tenéis hambre?
Aren't you hungry?	¿No tenéis hambre?
to be thirsty	tener sed
They are thirsty.	(Ellos / ellas) tienen sed.
They are not thirsty.	No tienen sed.

57 [fifty-seven]

At the doctor

57 [cincuenta y siete]

En la consulta del doctor

I have a doctor's appointment.	(Yo) tengo una cita con el doctor.
I have the appointment at ten o'clock.	(Yo) tengo la cita a las diez (de la mañana).
What is your name?	¿Cómo es su nombre?
Please take a seat in the waiting room.	Por favor tome asiento en la sala de espera.
The doctor is on his way.	Ya viene el doctor.
What insurance company do you belong to?	¿A qué compañía de seguros pertenece (usted)?
What can I do for you?	¿En qué lo/la puedo ayudar?
Do you have any pain?	¿Tiene algún dolor?
Where does it hurt?	¿En dónde le duele?
I always have back pain.	Siempre tengo dolor de espalda.
I often have headaches.	Tengo dolor de cabeza a menudo.
I sometimes have stomach aches.	A veces tengo dolor de estómago.
Remove your top!	¡Por favor desabroche la parte superior!
Lie down on the examining table.	¡Por favor acuéstese en la camilla!
Your blood pressure is okay.	La presión arterial está en orden.
I will give you an injection.	Le voy a prescribir una inyección.
I will give you some pills.	Le prescribiré unas pastillas / tabletas (am.).
I am giving you a prescription for the pharmacy.	Le doy una receta médica para la farmacia.

Parts of the body

Las Partes del Cuerpo Humano

I am drawing a man.	Estoy dibujando un hombre.
First the head.	Primero la cabeza.
The man is wearing a hat.	El hombre tiene puesto un sombrero.
One cannot see the hair.	No se puede ver su cabello.
One cannot see the ears either.	No se pueden ver sus orejas tampoco.
One cannot see his back either.	No se puede ver su espalda tampoco.
I am drawing the eyes and the mouth.	Estoy dibujando los ojos y la boca.
The man is dancing and laughing.	El hombre está bailando y riendo.
The man has a long nose.	El hombre tiene una nariz larga.
He is carrying a cane in his hands.	Él lleva un bastón en sus manos.
He is also wearing a scarf around his neck.	(Él) también lleva una bufanda alrededor de su cuello.
It is winter and it is cold.	Es invierno y hace frío.
The arms are athletic.	Los brazos son fuertes.
The legs are also athletic.	Las piernas también son fuertes.
The man is made of snow.	El hombre está hecho de nieve.
He is neither wearing pants nor a coat.	(Él) no lleva ni pantalones ni abrigo / saco (am.).
But the man is not freezing.	Pero el hombre no se congela.
He is a snowman.	(Él) es un muñeco de nieve.

59 [fifty-nine]

At the post office

59 [cincuenta y nueve]

En la oficina de correos

Where is the nearest post office?	¿Dónde está la oficina de correos más cercana?
Is the post office far from here?	¿Está muy lejos la oficina de correos más cercana?
Where is the nearest mail box?	¿Dónde esta el buzón más cercano?
I need a couple of stamps.	Necesito un par de sellos.
For a card and a letter.	Para una postal y para una carta.
How much is the postage to America?	Sí, ¿cuánto cuesta el franqueo para América?
How heavy is the package?	¿Cuánto pesa el paquete?
Can I send it by air mail?	¿Puedo mandarlo por correo aéreo?
How long will it take to get there?	¿Cuánto tarda en llegar?
Where can I make a call?	¿Dónde puedo hacer una llamada?
Where is the nearest telephone booth?	¿Dónde está la cabina de teléfono más próxima?
Do you have calling cards?	¿Tiene (usted) tarjetas de teléfono?
Do you have a telephone directory?	¿Tiene (usted) una guía de teléfonos?
Do you know the area code for Austria?	¿Sabe (usted) cuál es el código para llamar a Austria?
One moment, I'll look it up.	Un momento, voy a mirar.
The line is always busy.	La línea está siempre ocupada.
Which number did you dial?	¿Qué número ha marcado?
You have to dial a zero first!	¡Primero hay que marcar un cero!

60 [sixty]

At the bank

60 [sesenta]

En el banco

I would like to open an account.	Querría abrir una cuenta.
Here is my passport.	Aquí tiene mi pasaporte.
And here is my address.	Y ésta es mi dirección.
I want to deposit money in my account.	Querría ingresar dinero en mi cuenta.
I want to withdraw money from my account.	Querría sacar dinero de mi cuenta.
I want to pick up the bank statements.	Querría un extracto de mi cuenta.
I want to cash a traveller's cheque / traveler's check (am.).	Querría hacer efectivo un cheque de viaje.
What are the fees?	¿De cuánto es la comisión?
Where should I sign?	¿Dónde tengo que firmar?
I'm expecting a transfer from Germany.	Estoy esperando una transferencia proveniente de Alemania.
Here is my account number.	Éste es mi número de cuenta.
Has the money arrived?	¿Ha llegado el dinero?
I want to change money.	Quisiera cambiar este dinero.
I need US-Dollars.	Necesito dólares.
Could you please give me small notes / bills (am.)?	Déme billetes pequeños, por favor.
Is there a cashpoint / an ATM (am.)?	¿Hay algún cajero automático por aquí?
How much money can one withdraw?	¿Cuánto dinero se puede sacar?
Which credit cards can one use?	¿Qué tarjetas de crédito se pueden utilizar?

61 [sixty-one]

Ordinal numbers

61 [sesenta y uno]

Números ordinales

The first month is January.	El primer mes es enero.
The second month is February.	El segundo mes es febrero.
The third month is March.	El tercer mes es marzo.
The fourth month is April.	El cuarto mes es abril.
The fifth month is May.	El quinto mes es mayo.
The sixth month is June.	El sexto mes es junio.
Six months make half a year.	Seis meses son medio año.
January, February, March,	Enero, febrero, marzo,
April, May and June.	abril, mayo y junio.
The seventh month is July.	El séptimo mes es julio.
The eighth month is August.	El octavo mes es agosto.
The ninth month is September.	El noveno mes es septiembre.
The tenth month is October.	El décimo mes es octubre.
The eleventh month is November.	El undécimo mes es noviembre.
The twelfth month is December.	El duodécimo mes es diciembre.
Twelve months make a year.	Doce meses son un año.
July, August, September,	Julio, agosto, septiembre,
October, November and December.	octubre, noviembre y diciembre.

Asking questions 1

Haciendo preguntas 1

to learn	aprender
Do the students learn a lot?	¿Aprenden mucho los alumnos?
No, they learn a little.	No, aprenden poco.
to ask	preguntar
Do you often ask the teacher questions?	¿Hace (usted) preguntas a menudo al profesor?
No, I don't ask him questions often.	No, no le pregunto a menudo.
to reply	responder
Please reply.	Responda (usted), por favor.
I reply.	Respondo.
to work	trabajar
Is he working right now?	¿Está trabajando él ahora?
Yes, he is working right now.	Sí, ahora está trabajando.
to come	venir
Are you coming?	¿Vienen (ustedes)?
Yes, we are coming soon.	Sí, ya estamos llegando.
to live	vivir
Do you live in Berlin?	¿Vive (usted) en Berlín?
Yes, I live in Berlin.	Sí, vivo en Berlín.

63 [sixty-three]

Asking questions 2

63 [sesenta y tres]

Haciendo preguntas 2

I have a hobby.	(Yo) tengo un pasatiempo/hobby.
I play tennis.	(Yo) juego al tenis.
Where is the tennis court?	¿Dónde hay una cancha de tenis?
Do you have a hobby?	¿Tienes un pasatiempo/hobby?
I play football / soccer (am.).	(Yo) juego al fútbol.
Where is the football / soccer (am.) field?	¿Dónde hay un campo de fútbol?
My arm hurts.	Me duele el brazo.
My foot and hand also hurt.	El pie y la mano me duelen también.
Is there a doctor?	¿Dónde hay un doctor?
I have a car/automobile.	(Yo) tengo un coche / carro (am.).
I also have a motorcycle.	(Yo) también tengo una motocicleta.
Where could I park?	¿Dónde está el aparcamiento?
I have a sweater.	(Yo) tengo un suéter.
I also have a jacket and a pair of jeans.	(Yo) también tengo una chaqueta y unos pantalones vaqueros / blue jean (am.).
Where is the washing machine?	¿Dónde está la lavadora?
I have a plate.	(Yo) tengo un plato.
I have a knife, a fork and a spoon.	(Yo) tengo un cuchillo, un tenedor, y una cuchara.
Where is the salt and pepper?	¿Dónde están la sal y la pimienta?

64 [sixty-four]

Negation 1

64 [sesenta y cuatro]

Negación 1

I don't understand the word.
I don't understand the sentence.
I don't understand the meaning.

No entiendo la palabra.
No entiendo la frase.
(Yo) no entiendo el significado.

the teacher
Do you understand the teacher?
Yes, I understand him well.

El profesor
¿Entiende (usted) al profesor?
Sí, lo entiendo bien.

the teacher
Do you understand the teacher?
Yes, I understand her well.

la profesora
¿Entiende (usted) a la profesora?
Sí, la entiendo bien.

the people
Do you understand the people?
No, I don't understand them so well.

la gente
¿Entiende (usted) a la gente?
No, no la entiendo muy bien.

the girlfriend
Do you have a girlfriend?
Yes, I do.

la novia
¿Tiene (usted) novia?
Sí, tengo novia.

the daughter
Do you have a daughter?
No, I don't.

la hija
¿Tiene (usted) una hija?
No, no tengo.

65 [sixty-five]

Negation 2

65 [sesenta y cinco]

Negación 2

Is the ring expensive?	¿Es caro el anillo?
No, it costs only one hundred Euros.	No, sólo cuesta cien euros.
But I have only fifty.	Pero yo sólo tengo cincuenta.
Are you finished?	¿Has terminado ya?
No, not yet.	No, aún no.
But I'll be finished soon.	Pero termino enseguida.
Do you want some more soup?	¿Quieres más sopa?
No, I don't want anymore.	No, no quiero más.
But another ice cream.	Pero un helado sí.
Have you lived here long?	¿Hace mucho tiempo que vives aquí?
No, only for a month.	No, sólo un mes.
But I already know a lot of people.	Pero ya conozco a mucha gente.
Are you driving home tomorrow?	¿Te vas a casa mañana?
No, only on the weekend.	No, me voy el fin de semana.
But I will be back on Sunday.	Pero el domingo ya vuelvo.
Is your daughter an adult?	¿Tu hija ya es mayor de edad?
No, she is only seventeen.	No, sólo tiene diecisiete años.
But she already has a boyfriend.	Pero ya tiene novio.

66 [sixty-six]

Possessive pronouns 1

66 [sesenta y seis]

Pronombres posesivos 1

I - my
I can't find my key.
I can't find my ticket.

yo - mi
Yo no encuentro mi llave.
Yo no encuentro mi billete.

you - your
Have you found your key?
Have you found your ticket?

tú - tu
¿Has encontrado tu llave?
¿Has encontrado tu billete?

he - his
Do you know where his key is?
Do you know where his ticket is?

él - su
¿Sabes dónde está su llave?
¿Sabes dónde está su billete?

she - her
Her money is gone.
And her credit card is also gone.

ella - su
Su dinero ha desaparecido.
Y su tarjeta de crédito también.

we - our
Our grandfather is ill.
Our grandmother is healthy.

nosotros/as - nuestro(s)/a(s)
Nuestro abuelo está enfermo.
Nuestra abuela está bien.

you - your
Children, where is your father?
Children, where is your mother?

vosotros/as - vuestro(s)/a(s)
Niños, ¿dónde está vuestro papá?
Niños, ¿dónde está vuestra mamá?

67 [sixty-seven]

Possessive pronouns 2

67 [sesenta y siete]

Pronombres posesivos 2

the glasses
He has forgotten his glasses.
Where has he left his glasses?

las gafas
(Él) ha olvidado sus gafas.
¿Dónde están sus gafas?

the clock
His clock isn't working.
The clock hangs on the wall.

el reloj
Su reloj está estropeado.
El reloj está colgado en la pared.

the passport
He has lost his passport.
Where is his passport then?

el pasaporte
Ha perdido su pasaporte.
¿Dónde está su pasaporte?

they - their
The children cannot find their parents.
Here come their parents!

ellos/as - su
Los niños no encuentran a sus padres.
¡Pero ahí vienen sus padres!

you - your
How was your trip, Mr. Miller?
Where is your wife, Mr. Miller?

usted - su
¿Cómo fue su viaje, señor Molinero?
¿Dónde está su mujer, señor Molinero?

you - your
How was your trip, Mrs. Smith?
Where is your husband, Mrs. Smith?

usted - su
¿Cómo ha sido su viaje, señora Herrero?
¿Dónde está su marido, señora Herrero?

68 [sixty-eight]

big - small

68 [sesenta y ocho]

grande - pequeño

big and small	grande y pequeño
The elephant is big.	El elefante es grande.
The mouse is small.	El ratón es pequeño.
dark and bright	oscuro y claro
The night is dark.	La noche es oscura.
The day is bright.	El día es claro.
old and young	viejo y joven
Our grandfather is very old.	Nuestro abuelo es muy viejo/mayor.
70 years ago he was still young.	Hace 70 años aún era joven.
beautiful and ugly	bonito y feo
The butterfly is beautiful.	La mariposa es bonita.
The spider is ugly.	La araña es fea.
fat and thin	gordo y delgado
A woman who weighs a hundred kilos is fat.	Una mujer de 100 Kg. es gorda.
A man who weighs fifty kilos is thin.	Un hombre de 50 Kg. es delgado.
expensive and cheap	caro y barato
The car is expensive.	El coche es caro.
The newspaper is cheap.	El periódico es barato.

69 [sixty-nine]

to need – to want to

69 [sesenta y nueve]

necesitar – querer

I need a bed.	(Yo) necesito una cama.
I want to sleep.	(Yo) quiero dormir.
Is there a bed here?	¿Hay una cama aquí?
I need a lamp.	(Yo) necesito una lámpara.
I want to read.	(Yo) quiero leer.
Is there a lamp here?	¿Hay una lámpara aquí?
I need a telephone.	(Yo) necesito un teléfono.
I want to make a call.	(Yo) quiero hacer una llamada telefónica.
Is there a telephone here?	¿Hay un teléfono aquí?
I need a camera.	(Yo) necesito una cámara.
I want to take photographs.	(Yo) quiero fotografiar / tomar fotografías.
Is there a camera here?	¿Hay una cámara aquí?
I need a computer.	(Yo) necesito un ordenador / una computadora (am.).
I want to send an email.	(Yo) quiero mandar un correo electrónico.
Is there a computer here?	¿Hay un ordenador / una computadora (am.) aquí?
I need a pen.	(Yo) necesito un bolígrafo.
I want to write something.	(Yo) quiero escribir algo.
Is there a sheet of paper and a pen here?	¿Hay una hoja de papel y un bolígrafo aquí?

70 [seventy] / 70 [setenta]

to like something — querer algo

Would you like to smoke?	¿Querría (usted) fumar?
Would you like to dance?	¿Querría (usted) bailar?
Would you like to go for a walk?	¿Querría (usted) pasear?
I would like to smoke.	(Yo) querría fumar.
Would you like a cigarette?	¿Querrías un cigarrillo?
He wants a light.	(Él) querría un encendedor.
I want to drink something.	(Yo) querría beber algo.
I want to eat something.	Querría comer algo.
I want to relax a little.	Querría descansar un poco.
I want to ask you something.	Querría preguntarle algo.
I want to ask you for something.	Querría pedirle algo.
I want to treat you to something.	Querría invitarle/-la a algo.
What would you like?	¿Qué querría / desea?
Would you like a coffee?	¿Querría (usted) un café?
Or do you prefer a tea?	¿O prefiere un té?
We want to drive home.	Querríamos irnos a casa.
Do you want a taxi?	¿Querríais un taxi?
They want to make a call.	(Ellos / ellas) querrían llamar por teléfono.

71 [seventy-one]

to want something

71 [setenta y uno]

querer algo

What do you want to do?	¿Qué queréis?
Do you want to play football / soccer (am.)?	¿Queréis jugar al fútbol?
Do you want to visit friends?	¿Queréis visitar a unos amigos?
to want	querer
I don't want to arrive late.	(Yo) no quiero venir tarde.
I don't want to go there.	No quiero ir.
I want to go home.	Quiero irme a casa.
I want to stay at home.	Quiero quedarme en casa.
I want to be alone.	Quiero estar solo/a.
Do you want to stay here?	¿Quieres quedarte aquí?
Do you want to eat here?	¿Quieres comer aquí?
Do you want to sleep here?	¿Quieres dormir aquí?
Do you want to leave tomorrow?	¿Quiere irse (usted) mañana?
Do you want to stay till tomorrow?	¿Quiere quedarse (usted) hasta mañana?
Do you want to pay the bill only tomorrow?	¿Quiere pagar (usted) la cuenta mañana?
Do you want to go to the disco?	¿Queréis ir a la discoteca?
Do you want to go to the cinema?	¿Queréis ir al cine?
Do you want to go to a café?	¿Queréis ir a un café?

72 [seventy-two]

to have to do something / must

72 [setenta y dos]

deber hacer algo

must	deber
I must post the letter.	(Yo) debo enviar la carta.
I must pay the hotel.	Debo pagar el hotel.
You must get up early.	Debes levantarte pronto.
You must work a lot.	Debes trabajar mucho.
You must be punctual.	Debes ser puntual.
He must fuel / get petrol / get gas (am.).	(Él) debe repostar.
He must repair the car.	Debe reparar el coche.
He must wash the car.	Debe lavar el coche.
She must shop.	(Ella) debe ir de compras.
She must clean the apartment.	Debe limpiar el piso.
She must wash the clothes.	Debe lavar la ropa.
We must go to school at once.	(Nosotros/as) debemos ir a la escuela enseguida.
We must go to work at once.	Debemos ir al trabajo enseguida.
We must go to the doctor at once.	Debemos ir al médico enseguida.
You must wait for the bus.	(Vosotros/as) debéis esperar por el autobús.
You must wait for the train.	Debéis esperar por el tren.
You must wait for the taxi.	Debéis esperar por el taxi.

73 [seventy-three]

to be allowed to

73 [setenta y tres]

poder hacer algo

Are you already allowed to drive?	¿Ya puedes conducir?
Are you already allowed to drink alcohol?	¿Ya puedes beber alcohol?
Are you already allowed to travel abroad alone?	¿Ya puedes viajar solo/a al extranjero?
may / to be allowed	poder
May we smoke here?	¿Podemos fumar aquí?
Is smoking allowed here?	¿Se puede fumar aquí?
May one pay by credit card?	¿Se puede pagar con tarjeta de crédito?
May one pay by cheque / check (am.)?	¿Se puede pagar con cheque?
May one only pay in cash?	¿Sólo se puede pagar en efectivo?
May I just make a call?	¿Puedo tal vez hacer una llamada?
May I just ask something?	¿Puedo tal vez preguntar algo?
May I just say something?	¿Puedo tal vez decir algo?
He is not allowed to sleep in the park.	Él no puede dormir en el parque.
He is not allowed to sleep in the car.	Él no puede dormir en el coche.
He is not allowed to sleep at the train station.	Él no puede dormir en la estación.
May we take a seat?	¿Podemos sentarnos?
May we have the menu?	¿Podemos ver la carta?
May we pay separately?	¿Podemos pagar por separado?

74 [seventy-four]

Asking for something

74 [setenta y cuatro]

pedir algo

Can you cut my hair?	¿Puede (usted) cortarme el pelo?
Not too short, please.	No demasiado corto, por favor.
A bit shorter, please.	Un poco más corto, por favor.
Can you develop the pictures?	¿Puede (usted) revelar las fotos?
The pictures are on the CD.	Las fotos están en el CD/disco compacto.
The pictures are in the camera.	Las fotos están en la cámara.
Can you fix the clock?	¿Puede (usted) reparar el reloj?
The glass is broken.	La lente está rota.
The battery is dead / empty.	La pila está descargada.
Can you iron the shirt?	¿Puede (usted) planchar la camisa?
Can you clean the pants?	¿Puede (usted) limpiar los pantalones?
Can you fix the shoes?	¿Puede (usted) reparar los zapatos?
Do you have a light?	¿Puede (usted) darme fuego?
Do you have a match or a lighter?	¿Tiene (usted) cerillas o un encendedor?
Do you have an ashtray?	¿Tiene (usted) un cenicero?
Do you smoke cigars?	¿Fuma (usted) puros?
Do you smoke cigarettes?	¿Fuma (usted) cigarrillos?
Do you smoke a pipe?	¿Fuma (usted) en pipa?

75 [seventy-five]

Giving reasons 1

75 [setenta y cinco]

dar explicaciones 1

Why aren't you coming?	¿Por qué no viene (usted)?
The weather is so bad.	Hace muy mal tiempo.
I am not coming because the weather is so bad.	No voy porque hace muy mal tiempo.
Why isn't he coming?	¿Por qué no viene (él)?
He isn't invited.	Él no está invitado.
He isn't coming because he isn't invited.	Él no viene porque no está invitado.
Why aren't you coming?	¿Por qué no vienes (tú)?
I have no time.	No tengo tiempo.
I am not coming because I have no time.	No voy porque no tengo tiempo.
Why don't you stay?	¿Por qué no te quedas (tú)?
I still have to work.	Aún tengo que trabajar.
I am not staying because I still have to work.	No me quedo porque aún tengo que trabajar.
Why are you going already?	¿Por qué se va (usted) ya?
I am tired.	Estoy cansado/a.
I'm going because I'm tired.	Me voy porque estoy cansado/a.
Why are you going already?	¿Por qué se va (usted) ya?
It is already late.	Ya es tarde.
I'm going because it is already late.	Me voy porque ya es tarde.

76 [seventy-six]

Giving reasons 2

76 [setenta y seis]

dar explicaciones 2

Why didn't you come?	¿Por qué no viniste?
I was ill.	Estaba enfermo/a.
I didn't come because I was ill.	No fui porque estaba enfermo/a.
Why didn't she come?	¿Por qué no vino (ella)?
She was tired.	Estaba cansada.
She didn't come because she was tired.	No vino porque estaba cansada.
Why didn't he come?	¿Por qué no ha venido (él)?
He wasn't interested.	No tenía ganas.
He didn't come because he wasn't interested.	No ha venido porque no tenía ganas.
Why didn't you come?	¿Por qué no habéis venido (vosotros/as)?
Our car is damaged.	Nuestro coche está estropeado.
We didn't come because our car is damaged.	No hemos venido porque nuestro coche está estropeado.
Why didn't the people come?	¿Por qué no ha venido la gente?
They missed the train.	(Ellos) han perdido el tren.
They didn't come because they missed the train.	No han venido porque han perdido el tren.
Why didn't you come?	¿Por qué no has venido?
I was not allowed to.	No pude.
I didn't come because I was not allowed to.	No he ido porque no pude.

77 [seventy-seven]

Giving reasons 3

77 [setenta y siete]

dar explicaciones 3

Why aren't you eating the cake?	¿Por qué no se come (usted) el pastel?
I must lose weight.	Tengo que adelgazar.
I'm not eating it because I must lose weight.	No me como el pastel porque debo adelgazar.
Why aren't you drinking the beer?	¿Por qué no se toma (usted) la cerveza?
I have to drive.	Aún debo conducir.
I'm not drinking it because I have to drive.	No me la tomo porque aún tengo que conducir.
Why aren't you drinking the coffee?	¿Por qué no te tomas el café (tú)?
It is cold.	Está frío.
I'm not drinking it because it is cold.	No me lo tomo porque está frío.
Why aren't you drinking the tea?	¿Por qué no te tomas el té?
I have no sugar.	No tengo azúcar.
I'm not drinking it because I don't have any sugar.	No me lo tomo porque no tengo azúcar.
Why aren't you eating the soup?	¿Por qué no se toma (usted) la sopa?
I didn't order it.	No la he pedido.
I'm not eating it because I didn't order it.	No me la como porque no la he pedido.
Why don't you eat the meat?	¿Por qué no se come (usted) la carne?
I am a vegetarian.	Soy vegetariano/a.
I'm not eating it because I am a vegetarian.	No me la como porque soy vegetariano/a.

78 [seventy-eight]

Adjectives 1

78 [setenta y ocho]

Adjetivos 1

an old lady	una mujer vieja/mayor
a fat lady	una mujer gorda
a curious lady	una mujer curiosa
a new car	un coche nuevo
a fast car	un coche rápido
a comfortable car	un coche cómodo
a blue dress	un vestido azul
a red dress	un vestido rojo
a green dress	un vestido verde
a black bag	un bolso negro
a brown bag	un bolso marrón
a white bag	un bolso blanco
nice people	gente simpática
polite people	gente amable
interesting people	gente interesante
loving children	niños buenos
cheeky children	niños descarados
well behaved children	niños obedientes

79 [seventy-nine]

Adjectives 2

79 [setenta y nueve]

Adjetivos 2

I am wearing a blue dress.	Llevo puesto un vestido azul.
I am wearing a red dress.	Llevo puesto un vestido rojo.
I am wearing a green dress.	Llevo puesto un vestido verde.
I'm buying a black bag.	(Me) compro un bolso negro.
I'm buying a brown bag.	(Me) compro un bolso marrón.
I'm buying a white bag.	(Me) compro un bolso blanco.
I need a new car.	Necesito un coche nuevo.
I need a fast car.	Necesito un coche rápido.
I need a comfortable car.	Necesito un coche cómodo.
An old lady lives at the top.	Allí arriba vive una mujer vieja/mayor.
A fat lady lives at the top.	Allí arriba vive una mujer gorda.
A curious lady lives below.	Allí abajo vive una mujer curiosa.
Our guests were nice people.	Nuestros invitados eran gente simpática.
Our guests were polite people.	Nuestros invitados eran gente amable.
Our guests were interesting people.	Nuestros invitados eran gente interesante.
I have lovely children.	Mis hijos son buenos.
But the neighbours have naughty children.	Pero los hijos de los vecinos son descarados.
Are your children well behaved?	¿Sus niños son obedientes?

80 [eighty]

Adjectives 3

80 [ochenta]

Adjetivos 3

She has a dog.	Ella tiene un perro.
The dog is big.	El perro es grande.
She has a big dog.	Ella tiene un perro grande.
She has a house.	Ella tiene una casa.
The house is small.	La casa es pequeña.
She has a small house.	Ella tiene una casa pequeña.
He is staying in a hotel.	Él se está alojando en un hotel.
The hotel is cheap.	El hotel es barato.
He is staying in a cheap hotel.	Él se está alojando en un hotel barato.
He has a car.	Él tiene un coche.
The car is expensive.	El coche es caro.
He has an expensive car.	Él tiene un coche caro.
He reads a novel.	Él lee una novela.
The novel is boring.	La novela es aburrida.
He is reading a boring novel.	Él lee una novela aburrida.
She is watching a movie.	Ella está viendo una película.
The movie is exciting.	La película es interesante.
She is watching an exciting movie.	Ella está viendo una película interesante.

81 [eighty-one]

Past tense 1

81 [ochenta y uno]

Pretérito 1

to write	escribir
He wrote a letter.	Él escribió una carta.
And she wrote a card.	Y ella escribió una postal.
to read	Leer
He read a magazine.	Él leyó una revista.
And she read a book.	Y ella leyó un libro.
to take	coger / tomar, agarrar (am.)
He took a cigarette.	Él cogió un cigarrillo.
She took a piece of chocolate.	Ella cogió un trozo de chocolate.
He was disloyal, but she was loyal.	Él era infiel, pero ella era fiel.
He was lazy, but she was hard-working.	Él era un holgazán, pero ella era trabajadora.
He was poor, but she was rich.	Él era pobre, pero ella era rica.
He had no money, only debts.	Él no tenía dinero, sino deudas.
He had no luck, only bad luck.	Él no tenía buena suerte, sino mala suerte.
He had no success, only failure.	Él no tenía éxitos, sino fracasos.
He was not satisfied, but dissatisfied.	Él no estaba satisfecho, sino insatisfecho.
He was not happy, but sad.	Él no era feliz, sino infeliz.
He was not friendly, but unfriendly.	Él no era simpático, sino antipático.

82 [eighty-two] / 82 [ochenta y dos]

Past tense 2 / Pretérito 2

Did you have to call an ambulance?	¿Tuviste que pedir una ambulancia?
Did you have to call the doctor?	¿Tuviste que llamar al médico?
Did you have to call the police?	¿Tuviste que llamar a la policía?

Do you have the telephone number? I had it just now.	¿Tiene (usted) el número de teléfono? Hace un momento aún lo tenía.
Do you have the address? I had it just now.	¿Tiene (usted) la dirección? Hace un momento aún la tenía.
Do you have the city map? I had it just now.	¿Tiene (usted) el plano (de la ciudad)? Hace un momento aún lo tenía.

Did he come on time? He could not come on time.	¿(Él) llegó a tiempo? No pudo llegar a tiempo.
Did he find the way? He could not find the way.	¿Encontró el camino? No pudo encontrar el camino.
Did he understand you? He could not understand me.	¿Te entendió? No me pudo entender.

Why could you not come on time?	¿Por qué no pudiste llegar a tiempo?
Why could you not find the way?	¿Por qué no pudiste encontrar el camino?
Why could you not understand him?	¿Por qué no pudiste entenderlo?

I could not come on time because there were no buses.	No pude llegar a tiempo porque no pasaba ningún autobús.
I could not find the way because I had no city map.	No pude encontrar el camino porque no tenía un plano.
I could not understand him because the music was so loud.	No pude entenderlo porque la música estaba demasiado alta.

I had to take a taxi.	Tuve que coger un taxi.
I had to buy a city map.	Tuve que comprar un plano (de la ciudad).
I had to switch off the radio.	Tuve que apagar la radio.

83 [eighty-three]   83 [ochenta y tres]

Past tense 3   **Pretérito 3**

to make a call	hablar por teléfono
I made a call.	He hablado por teléfono.
I was talking on the phone all the time.	He hablado por teléfono todo el rato.
to ask	preguntar
I asked.	(Yo) he preguntado.
I always asked.	Siempre he preguntado.
to narrate	contar
I narrated.	He contado.
I narrated the whole story.	He contado toda la historia.
to study	estudiar
I studied.	He estudiado.
I studied the whole evening.	He estudiado toda la tarde.
to work	trabajar
I worked.	He trabajado.
I worked all day long.	He trabajado todo el día.
to eat	comer
I ate.	He comido.
I ate all the food.	Me he comido toda la comida.

84 [eighty-four]

Past tense 4

84 [ochenta y cuatro]

Pretérito 4

to read	leer
I read.	He leído.
I read the whole novel.	He leído toda la novela.
to understand	entender/comprender
I understood.	(Lo) he entendido.
I understood the whole text.	He entendido todo el texto.
to answer	contestar/responder
I answered.	He contestado.
I answered all the questions.	He contestado a todas las preguntas.
I know that - I knew that.	Lo sé. - Lo supe/sabía.
I write that - I wrote that.	Lo escribo. - Lo he escrito.
I hear that - I heard that.	Lo oigo. - Lo he oído.
I'll get it - I got it.	Lo cojo / tomo, agarro (am.). - Lo he cogido / tomado, agarrado (am.).
I'll bring that - I brought that.	Lo traigo. - Lo he traído.
I'll buy that - I bought that.	Lo compro. - Lo he comprado.
I expect that - I expected that.	Lo espero. - Lo he esperado.
I'll explain that - I explained that.	Lo explico. - Lo he explicado.
I know that - I knew that.	Lo conozco - Lo he conocido.

85 [eighty-five]

Questions - Past tense 1

85 [ochenta y cinco]

Preguntas - Pretérito 1

How much did you drink?	¿Cuánto ha bebido (usted)?
How much did you work?	¿Cuánto ha trabajado (usted)?
How much did you write?	¿Cuánto ha escrito (usted)?
How did you sleep?	¿Cómo ha dormido (usted)?
How did you pass the exam?	¿Con qué nota ha aprobado (usted) el examen?
How did you find the way?	¿Cómo ha encontrado (usted) el camino?
Who did you speak to?	¿Con quién ha hablado (usted)?
With whom did you make an appointment?	¿Con quién se ha citado?
With whom did you celebrate your birthday?	¿Con quién ha celebrado su cumpleaños (usted)?
Where were you?	¿Dónde ha estado (usted)?
Where did you live?	¿Dónde ha vivido (usted)?
Where did you work?	¿Dónde ha trabajado (usted)?
What did you suggest?	¿Qué ha recomendado (usted)?
What did you eat?	¿Qué ha comido (usted)?
What did you experience?	¿De qué se ha enterado (usted)?
How fast did you drive?	¿A qué velocidad ha conducido (usted)?
How long did you fly?	¿Cuántas horas ha volado (usted)?
How high did you jump?	¿Hasta qué altura ha saltado (usted)?

86 [eighty-six]

Questions - Past tense 2

86 [ochenta y seis]

Preguntas - Pretérito 2

Which tie did you wear?	¿Qué corbata te pusiste?
Which car did you buy?	¿Qué coche te has comprado?
Which newspaper did you subscribe to?	¿A qué periódico te has suscrito?
Who did you see?	¿A quién ha visto (usted)?
Who did you meet?	¿A quién se ha encontrado (usted)?
Who did you recognize?	¿A quién ha reconocido (usted)?
When did you get up?	¿A qué hora se ha levantado (usted)?
When did you start?	¿A qué hora ha empezado (usted)?
When did you finish?	¿A qué hora ha terminado?
Why did you wake up?	¿Por qué se ha despertado (usted)?
Why did you become a teacher?	¿Por qué se hizo (usted) maestro?
Why did you take a taxi?	¿Por qué ha cogido / tomado (am.) (usted) un taxi?
Where did you come from?	¿De dónde ha venido (usted)?
Where did you go?	¿A dónde ha ido (usted)?
Where were you?	¿Dónde ha estado (usted)?
Who did you help?	¿A quién has ayudado?
Who did you write to?	¿A quién le has escrito?
Who did you reply to?	¿A quién le has respondido / contestado?

87 [eighty-seven]

Past tense of modal verbs 1

87 [ochenta y siete]

Pretérito de los verbos modales 1

We had to water the flowers.	(Nosotros / nosotras) Tuvimos que regar las plantas.
We had to clean the apartment.	Tuvimos que ordenar el piso.
We had to wash the dishes.	Tuvimos que lavar los platos.
Did you have to pay the bill?	¿(Vosotros / vosotras) tuvisteis que pagar la cuenta?
Did you have to pay an entrance fee?	¿Tuvisteis que pagar entrada?
Did you have to pay a fine?	¿Tuvisteis que pagar una multa?
Who had to say goodbye?	¿Quién tuvo que despedirse?
Who had to go home early?	¿Quién tuvo que irse pronto a casa?
Who had to take the train?	¿Quién tuvo que coger / tomar (am.) el tren?
We did not want to stay long.	(Nosotros / nosotras) no queríamos quedarnos mucho rato.
We did not want to drink anything.	No queríamos tomar nada.
We did not want to disturb you.	No queríamos molestar.
I just wanted to make a call.	(Yo) sólo quería hacer una llamada.
I just wanted to call a taxi.	Quería pedir un taxi.
Actually I wanted to drive home.	Es que quería irme a casa.
I thought you wanted to call your wife.	Pensaba que querías llamar a tu esposa.
I thought you wanted to call information.	Pensaba que querías llamar a Información.
I thought you wanted to order a pizza.	Pensaba que querías pedir una pizza.

88 [eighty-eight]

Past tense of modal verbs 2

88 [ochenta y ocho]

Pretérito 2

My son did not want to play with the doll.	Mi hijo no quería jugar con la muñeca.
My daughter did not want to play football / soccer (am.).	Mi hija no quería jugar al fútbol.
My wife did not want to play chess with me.	Mi esposa no quería jugar conmigo al ajedrez.

My children did not want to go for a walk.
They did not want to tidy the room.
They did not want to go to bed.

Mis hijos no querían dar un paseo.
No querían ordenar la habitación.
No querían irse a cama.

He was not allowed to eat ice cream.
He was not allowed to eat chocolate.
He was not allowed to eat sweets.

Él no podía/debía comer helados.
No podía/debía comer chocolate.
No podía/debía comer caramelos.

I was allowed to make a wish.
I was allowed to buy myself a dress.
I was allowed to take a chocolate.

Pude pedir un deseo.
Pude comprar un vestido.
Pude coger un bombón.

Were you allowed to smoke in the airplane?
Were you allowed to drink beer in the hospital?
Were you allowed to take the dog into the hotel?

¿Pudiste fumar en el avión?
¿Pudiste beber cerveza en el hospital?
¿Pudiste llevar al perro contigo al hotel?

During the holidays the children were allowed to remain outside late.
They were allowed to play in the yard for a long time.
They were allowed to stay up late.

Durante las vacaciones los niños podían estar afuera hasta tarde.
Ellos / ellas podían jugar durante mucho rato en el patio.
Ellos / ellas podían acostarse tarde.

89 [eighty-nine]

Imperative 1

89 [ochenta y nueve]

Modo imperativo 1

You are so lazy - don't be so lazy!	Eres muy perezoso. ¡No seas tan perezoso!
You sleep for so long - don't sleep so late!	Duermes mucho. ¡No duermas tanto!
You come home so late - don't come home so late!	Llegas muy tarde. ¡No llegues tan tarde!
You laugh so loudly - don't laugh so loudly!	Te ríes muy alto. ¡No te rías tan alto!
You speak so softly - don't speak so softly!	Hablas muy bajo. ¡No hables tan bajo!
You drink too much - don't drink so much!	Bebes demasiado. ¡No bebas tanto!
You smoke too much - don't smoke so much!	Fumas demasiado. ¡No fumes tanto!
You work too much - don't work so much!	Trabajas demasiado. ¡No trabajes tanto!
You drive too fast - don't drive so fast!	Vas muy deprisa. ¡No vayas tan deprisa!
Get up, Mr. Miller!	¡Levántese, señor Molinero!
Sit down, Mr. Miller!	¡Siéntese, señor Molinero!
Remain seated, Mr. Miller!	¡Quédese sentado, señor Molinero!
Be patient!	¡Tenga paciencia!
Take your time!	¡Tómese su tiempo!
Wait a moment!	¡Espere un momento!
Be careful!	¡Tenga cuidado!
Be punctual!	¡Sea puntual!
Don't be stupid!	¡No sea tonto!

Imperative 2

Modo imperativo 2

Shave!	¡Aféitate!
Wash yourself!	¡Lávate!
Comb your hair!	¡Péinate!
Call!	¡Llama (por teléfono)! ¡Llame (usted) (por teléfono)!
Begin!	¡Empieza! ¡Empiece (usted)!
Stop!	¡Basta!
Leave it!	¡Deja eso! ¡Deje (usted) eso!
Say it!	¡Dilo! ¡Dígalo (usted)!
Buy it!	¡Cómpralo! ¡Cómprelo (usted)!
Never be dishonest!	¡No seas nunca falso!
Never be naughty!	¡No seas nunca insolente!
Never be impolite!	¡No seas nunca descortés!
Always be honest!	¡Sé siempre sincero!
Always be nice!	¡Sé siempre amable!
Always be polite!	¡Sé siempre atento!
Hope you arrive home safely!	¡Buen viaje!
Take care of yourself!	¡Cuídese (usted)!
Do visit us again soon!	¡Vuelva (usted) a visitarnos pronto!

91 [ninety-one]

Subordinate clauses: *that* **1**

91 [noventa y uno]

Oraciones subordinadas con *que* 1

Perhaps the weather will get better tomorrow.	Tal vez hará mejor tiempo mañana.
How do you know that?	¿Cómo lo sabe (usted)?
I hope that it gets better.	Espero que haga mejor tiempo.
He will definitely come.	Seguro que viene.
Are you sure?	¿Seguro?
I know that he'll come.	Sé que vendrá.
He'll definitely call.	Seguro que llama.
Really?	¿De verdad?
I believe that he'll call.	Creo que llamará.
The wine is definitely old.	El vino es seguramente viejo.
Do you know that for sure?	¿Lo sabe (usted) con seguridad?
I think that it is old.	Creo/Supongo que es viejo.
Our boss is good-looking.	Nuestro jefe tiene buen aspecto.
Do you think so?	¿Usted cree?
I find him very handsome.	Diría incluso que tiene muy buen aspecto.
The boss definitely has a girlfriend.	Seguro que nuestro jefe tiene novia.
Do you really think so?	¿Lo cree (usted) de verdad?
It is very possible that he has a girlfriend.	Es muy posible que tenga novia.

Subordinate clauses: *that* 2

Oraciones subordinadas con *que* 2

I'm angry that you snore.	Me molesta que ronques.
I'm angry that you drink so much beer.	Me molesta que bebas tanto.
I'm angry that you come so late.	Me molesta que vengas tan tarde.
I think he needs a doctor.	(Yo) creo que (él) debería ir al médico.
I think he is ill.	Creo que está enfermo.
I think he is sleeping now.	Creo que ahora está durmiendo.
We hope that he marries our daughter.	(Nosotros) esperamos que (él) se case con nuestra hija.
We hope that he has a lot of money.	Esperamos que tenga mucho dinero.
We hope that he is a millionaire.	Esperamos que sea millonario.
I heard that your wife had an accident.	Me han dicho que tu esposa ha tenido un accidente.
I heard that she is in the hospital.	Me han dicho que está en el hospital.
I heard that your car is completely wrecked.	Me han dicho que tu coche está completamente destrozado.
I'm happy that you came.	Me alegro de que hayan venido (ustedes).
I'm happy that you are interested.	Me alegro de que tengan (ustedes) interés.
I'm happy that you want to buy the house.	Me alegro de que quieran (ustedes) comprar la casa.
I'm afraid the last bus has already gone.	Me temo que el último autobús ya ha pasado.
I'm afraid we will have to take a taxi.	Me temo que tendremos que coger / tomar (am.) un taxi.
I'm afraid I have no more money.	Me temo que no llevo dinero.

93 [ninety-three]

Subordinate clauses: *if*

93 [noventa y tres]

Oraciones subordinadas con *si*

I don't know if he loves me.	No sé si me quiere.
I don't know if he'll come back.	No sé si volverá.
I don't know if he'll call me.	No sé si me llamará.
Maybe he doesn't love me?	¿Me querrá?
Maybe he won't come back?	¿Volverá?
Maybe he won't call me?	¿Me llamará?
I wonder if he thinks about me.	Me pregunto si piensa en mí.
I wonder if he has someone else.	Me pregunto si tiene a otra.
I wonder if he lies.	Me pregunto si miente.
Maybe he thinks of me?	¿Pensará en mí?
Maybe he has someone else?	¿Tendrá a otra?
Maybe he tells me the truth?	¿Estará diciendo la verdad?
I doubt whether he really likes me.	Dudo que le guste realmente.
I doubt whether he'll write to me.	Dudo que me escriba.
I doubt whether he'll marry me.	Dudo que se case conmigo.
Does he really like me?	¿Le gustaré realmente?
Will he write to me?	¿Me escribirá?
Will he marry me?	¿Se casará conmigo?

94 [ninety-four]

Conjunctions 1

94 [noventa y cuatro]

Conjunciones 1

Wait until the rain stops.	Espera a que pare de llover.
Wait until I'm finished.	Espera a que (yo) termine.
Wait until he comes back.	Espera a que (él) vuelva.

I'll wait until my hair is dry.	(Yo) espero a que se me seque el pelo.
I'll wait until the film is over.	Espero a que termine la película.
I'll wait until the traffic light is green.	Espero a que el semáforo esté verde.

When do you go on holiday?	¿Cuándo te vas de vacaciones?
Before the summer holidays?	¿Antes del verano?
Yes, before the summer holidays begin.	Sí, antes de que empiecen las vacaciones de verano.

Repair the roof before the winter begins.	Repara el tejado antes de que llegue el invierno.
Wash your hands before you sit at the table.	Lávate las manos antes de sentarte a la mesa.
Close the window before you go out.	Cierra la ventana antes de salir.

When will you come home?	¿Cuándo vendrás a casa?
After class?	¿Después de la clase?
Yes, after the class is over.	Sí, cuando se haya acabado la clase.

After he had an accident, he could not work anymore.	Después de tener el accidente, ya no pudo volver a trabajar.
After he had lost his job, he went to America.	Después de haber perdido el trabajo, se fue a América.
After he went to America, he became rich.	Después de haberse ido a América, se hizo rico.

95 [ninety-five]

Conjunctions 2

95 [noventa y cinco]

Conjunciones 2

Since when is she no longer working?	¿Desde cuándo no trabaja ella?
Since her marriage?	¿Desde que se casó?
Yes, she is no longer working since she got married.	Sí, no trabaja desde que se casó.

Since she got married, she's no longer working.
Since they have met each other, they are happy.
Since they have had children, they rarely go out.

Desde que se casó, no trabaja.
Desde que se conocen, son felices.
Desde que tienen niños, salen poco.

When does she call?
When driving?
Yes, when she is driving.

¿Cuándo habla (ella) por teléfono?
¿Mientras conduce?
Sí, mientras conduce.

She calls while she drives.
She watches TV while she irons.
She listens to music while she does her work.

Habla por teléfono mientras conduce.
Ve la televisión mientras plancha.
Escucha música mientras hace las tareas.

I can't see anything when I don't have glasses.
I can't understand anything when the music is so loud.
I can't smell anything when I have a cold.

(Yo) no veo nada, cuando no llevo gafas.
No entiendo nada, cuando la música está tan alta.
No huelo nada, cuando estoy resfriado/a.

We'll take a taxi if it rains.
We'll travel around the world if we win the lottery.
We'll start eating if he doesn't come soon.

Si llueve, cogeremos / tomaremos (am.) un taxi.
Si nos toca la lotería, daremos la vuelta al mundo.
Si (él) no llega pronto, empezaremos a comer.

96 [ninety-six]

Conjunctions 3

96 [noventa y seis]

Conjunciones 3

I get up as soon as the alarm rings.	(Yo) me levanto en cuanto suena el despertador.
I become tired as soon as I have to study.	Me siento cansado/a en cuanto tengo que estudiar.
I will stop working as soon as I am 60.	Dejaré de trabajar en cuanto tenga 60 años.
When will you call?	¿Cuándo llamará (usted)?
As soon as I have a moment.	En cuanto tenga un momento.
He'll call, as soon as he has a little time.	Llamará en cuanto tenga tiempo.
How long will you work?	¿Hasta cuándo va a trabajar (usted)?
I'll work as long as I can.	Trabajaré mientras pueda.
I'll work as long as I am healthy.	Trabajaré mientras esté bien de salud.
He lies in bed instead of working.	(Él) está en la cama, en vez de trabajar.
She reads the newspaper instead of cooking.	(Ella) lee el periódico, en lugar de cocinar.
He is at the bar instead of going home.	(Él) está en el bar, en lugar de irse a casa.
As far as I know, he lives here.	Por lo que yo sé, (él) vive aquí.
As far as I know, his wife is ill.	Por lo que yo sé, su esposa está enferma.
As far as I know, he is unemployed.	Por lo que yo sé, (él) no tiene trabajo.
I overslept; otherwise I'd have been on time.	(Yo) me quedé dormido, sino habría llegado a tiempo.
I missed the bus; otherwise I'd have been on time.	(Yo) perdí el autobús, sino habría llegado a tiempo.
I didn't find the way / I got lost; otherwise I'd have been on time.	No encontré el camino, sino habría llegado a tiempo.

97 [ninety-seven]

Conjunctions 4

97 [noventa y siete]

Conjunciones 4

He fell asleep although the TV was on.	Él se quedó dormido/se durmió, aunque el televisor estaba encendido.
He stayed a while although it was late.	Él se quedó un rato más, aunque ya era tarde.
He didn't come although we had made an appointment.	Él no vino, aunque habíamos quedado.
The TV was on. Nevertheless, he fell asleep.	El televisor estaba encendido. Sin embargo, se quedó dormido/se durmió.
It was already late. Nevertheless, he stayed a while.	Ya era tarde. Sin embargo, se quedó un rato más.
We had made an appointment. Nevertheless, he didn't come.	Habíamos quedado. Sin embargo, no vino.
Although he has no license, he drives the car.	Aunque (él) no tiene permiso de conducir, conduce.
Although the road is slippery, he drives so fast.	Aunque la calle está resbaladiza, conduce muy deprisa.
Although he is drunk, he rides his bicycle.	Aunque está borracho, va en bicicleta.
Despite having no licence / license (am.), he drives the car.	No tiene permiso de conducir. Sin embargo, conduce.
Despite the road being slippery, he drives fast.	La calle está resbaladiza. Sin embargo, conduce muy deprisa.
Despite being drunk, he rides the bike.	Él está borracho. Sin embargo, va en bicicleta.
Although she went to college, she can't find a job.	Ella no encuentra trabajo, aunque ha estudiado.
Although she is in pain, she doesn't go to the doctor.	Ella no va al médico, aunque tiene dolores.
Although she has no money, she buys a car.	Ella se compra un coche, aunque no tiene dinero.
She went to college. Nevertheless, she can't find a job.	Ella ha estudiado una carrera universitaria. Sin embargo, no encuentra trabajo.
She is in pain. Nevertheless, she doesn't go to the doctor.	Ella tiene dolores. Sin embargo, no va al médico.
She has no money. Nevertheless, she buys a car.	Ella no tiene dinero. Sin embargo, se compra un coche.

98 [ninety-eight]   98 [noventa y ocho]

Double connectors   **Dobles conjunciones**

The journey was beautiful, but too tiring.	El viaje fue, de hecho, bonito, pero demasiado agotador.
The train was on time, but too full.	El tren pasó puntualmente, de hecho, pero iba demasiado lleno.
The hotel was comfortable, but too expensive.	El hotel era, de hecho, confortable, pero demasiado caro.
He'll take either the bus or the train.	Él coge / toma (am.) el autobús o el tren.
He'll come either this evening or tomorrow morning.	Él viene o bien hoy por la noche o bien mañana por la mañana.
He's going to stay either with us or in the hotel.	Él se hospeda o en nuestra casa o en un hotel.
She speaks Spanish as well as English.	Ella habla tanto español como inglés.
She has lived in Madrid as well as in London.	Ella ha vivido tanto en Madrid como en Londres.
She knows Spain as well as England.	Ella conoce tanto España como Inglaterra.
He is not only stupid, but also lazy.	Él no sólo es tonto, sino también holgazán.
She is not only pretty, but also intelligent.	Ella no sólo es guapa, sino también inteligente.
She speaks not only German, but also French.	Ella no sólo habla alemán, sino también francés.
I can neither play the piano nor the guitar.	Yo no sé tocar ni el piano ni la guitarra.
I can neither waltz nor do the samba.	Yo no sé bailar ni el vals ni la samba.
I like neither opera nor ballet.	A mi no me gusta ni la ópera ni el ballet.
The faster you work, the earlier you will be finished.	Cuanto más rápido trabajes, más pronto terminarás.
The earlier you come, the earlier you can go.	Cuanto antes vengas, antes te podrás ir.
The older one gets, the more complacent one gets.	Cuanto mayor se hace uno, más comodón se vuelve.

99 [ninety-nine]

Genitive

99 [noventa y nueve]

Genitivo

my girlfriend's cat	la gata de mi amiga/novia
my boyfriend's dog	el perro de mi amigo/novio
my children's toys	los juguetes de mis hijos
This is my colleague's overcoat.	Éste es el abrigo de mi compañero.
That is my colleague's car.	Éste es el coche de mi compañera.
That is my colleagues' work.	Éste es el trabajo de mis compañeros.
The button from the shirt is gone.	El botón de la camisa se ha caído.
The garage key is gone.	La llave del garaje ha desaparecido.
The boss' computer is not working.	El ordenador del jefe está estropeado.
Who are the girl's parents?	¿Quiénes son los padres de la niña?
How do I get to her parents' house?	¿Cómo se va a la casa de sus padres?
The house is at the end of the road.	La casa está al final de la calle.
What is the name of the capital city of Switzerland?	¿Cómo se llama la capital de Suiza?
What is the title of the book?	¿Cuál es el título del libro?
What are the names of the neighbour's / neighbor's (am.) children?	¿Cómo se llaman los hijos de los vecinos?
When are the children's holidays?	¿Cuándo son las vacaciones escolares de los niños?
What are the doctor's consultation times?	¿Cuándo son las horas de consulta del doctor?
What time is the museum open?	¿Cuál es el horario de apertura del museo?

100 [one hundred]

Adverbs

100 [cien]

Adverbios

already - not yet
Have you already been to Berlin?
No, not yet.

alguna vez - nunca
¿Ha estado (usted) alguna vez en Berlín?
No, nunca.

someone - no one
Do you know someone here?
No, I don't know anyone here.

alguien - nadie
¿Conoce (usted) a alguien aquí?
No, aquí no conozco a nadie.

a little longer - not much longer
Will you stay here a little longer?
No, I won't stay here much longer.

aún - ya no
¿Se quedará (usted) aún mucho tiempo aquí?
No, ya no me quedaré más tiempo.

something else - nothing else
Would you like to drink something else?
No, I don't want anything else.

algo más - nada más
¿Quiere (usted) tomar algo más?
No, no quiero nada más.

something already - nothing yet
Have you already eaten something?
No, I haven't eaten anything yet.

ya ... algo - todavía / aún ... nada
¿Ya ha comido (usted) algo?
No, todavía / aún no he comido nada.

someone else - no one else
Does anyone else want a coffee?
No, no one else.

alguien más - nadie más
¿Quiere alguien más un café?
No, nadie más.

Made in the USA
Lexington, KY
17 November 2012